U0481451

少年读资治通鉴

少年读史系列

刘娟◎著

16·唐朝

人民文学出版社

图书在版编目(CIP)数据

少年读《资治通鉴》. 16，唐朝/刘娟著. 一北京：
人民文学出版社，2021(2025.1 重印)
(少年读史系列)
ISBN 978-7-02-016852-1

Ⅰ. ①少… Ⅱ. ①刘… Ⅲ. ①中国历史-古代史-编
年体 ②《资治通鉴》-少年读物 Ⅳ. ①K 204.3-49

中国版本图书馆 CIP 数据核字(2020)第 253053 号

责任编辑 **朱卫净 邱小群**
装帧设计 **李 佳**

出版发行 **人民文学出版社**
社 址 **北京市朝内大街 166 号**
邮政编码 **100705**

印 制 **上海盛通时代印刷有限公司**
经 销 **全国新华书店等**

字 数 **58 千字**
开 本 **890 毫米×1240 毫米 1/32**
印 张 **4.375**
版 次 **2021 年 8 月北京第 1 版**
印 次 **2025 年 1 月第 13 次印刷**

书 号 **978-7-02-016852-1**
定 价 **35.00 元**

如有印装质量问题，请与本社图书销售中心调换。电话：010 - 65233595

为响应国家关于“传承发展中华优秀传统文化，增强国家文化软实力”的伟大战略，将博大精深的中华传统文化普及到少年儿童群体中，我们倾力打造“少年读史”系列图书，最先推出的便是这套《少年读〈资治通鉴〉》。

《资治通鉴》是一部卷帙浩繁的大部头史书，虽已经司马光之手，“删削冗长，举撮机要”，但仍“网罗宏富，体大思精”，令人望而生畏。为了让孩子们读懂并喜欢上它，我们精心制作了这套《少年读〈资治通鉴〉》。

《少年读〈资治通鉴〉》共 20 册，是一套连续的历史故事集，通过 311 个引人入胜的历史故事，鲜活地演绎了从周威烈王二十三年（公元前 403 年）到五代后周世宗显德六年（公元 959 年）共 1362 年的朝代更替、历史兴衰、人事沧桑。

考虑到少年儿童的阅读兴趣与特点，在尊重历史的大前提下，这套书对史料进行了科学的剪裁，用通俗易懂的语言，通过大量的人物对话，模拟事件发生的场景，把历史上的重要人物和重大事件生动地呈现出来，让少年儿童在增长历史知识的同时，又享受到阅读的乐趣。

为了避免让整个历史读起来碎片化，这套书尤其注重历史事件的连续性和系统性，讲究由小故事串起大事件，用大事件演绎大时代。故事与故事之间，相互承传、次序分明，有条不紊地把历史推向纵深，帮助少年儿童真实、立体地感知历史发展的脉络。

此外，这套书还针对重要的历史地名（官职），做了相应的注释，帮助少年儿童从空间坐标上更好地理解时间坐标上的历史。

历史学家钱穆先生曾经说过这样的话："任何一国之国民，尤其是自称知识在水平线以上之国民，对其本国已往历史，应该略有所知。否则最多只算一有知识的人，不能算一有知识的国民。"

有鉴于此，我们希望通过这套《少年读〈资治通鉴〉》，帮助我们的孩子更好地了解中国历史，学习中国传统文化，做一个真正的中国人。

目录

1

李密降唐反唐

宇文化及在江都杀了隋炀帝后，立他的另一个孙子、秦王杨浩为皇帝，自己做起大丞相来。不过，杨浩这个皇帝就是傀儡，宇文化及把他交给尚书省，命卫士严加看守，有需要他签署的文书就派专人去取，百官也不来朝见他。取而代之的是，每天上朝时，宇文化及像皇帝一样面朝南坐在营帐中，有人奏事，他一言不发，下了朝就将那些奏折拿给大臣们看，一起商量着处理。

然而，做皇帝的滋味没享受多久，宇文化及的麻烦事就来了。当时江都有十几万隋军，粮食很快不够

吃，加上骁果将士都闹着西归，宇文化及便率军回长安，却遭到驻扎在巩洛[①]的李密的瓦岗军的顽强抵抗。西进之路被堵住，宇文化及只好改道向洛阳，不料在黎阳又被李密的部将徐世勣给挡住。不过，徐世勣畏惧勇猛善战的骁果军，就率军向西退守仓城。宇文化及的军队于是渡过黄河，占据黎阳，兵分几路包围徐世勣。李密得知后，就将军队驻扎在淇水[②]一带，每当宇文化及下令攻打仓城，李密就带兵牵制他的后方。

李密还隔着淇水把宇文化及臭骂了一通："你原本不过是匈奴的奴隶破野头[③]，你家几代人都受大隋的恩惠，享不尽的荣华富贵。主上失德，你不以死规劝，反而谋逆弑君，还企图篡夺天下。你的行为天地不容！"

宇文化及被骂得灰头土脸，低下头老半天，才瞪大眼睛说："打仗就打仗，说那么多废话干吗！"

李密轻蔑地对身边人说："宇文化及这么一个糊涂

---

① 巩、洛二地的并称，在今河南洛阳一带。
② 即今河南淇河，原为黄河支流。
③ 鲜卑三字姓。

蛋，竟然想做天子，瞧我拿根棍子把他赶跑!”

宇文化及命人修治攻城器械，打算强攻仓城，却被徐世勣挖的壕沟拦住，无法到城下。徐世勣还在沟里挖地道，出其不意地出兵，大败宇文化及。

李密知道后虽然高兴，却始终绷紧神经，因为他担心洛阳方面会趁他对付宇文化及时袭击他的后方。当时瓦岗军与洛阳方面已经对峙了很长时间，李密每天都担心腹背受敌。就在他为此焦虑时，洛阳方面突然派来使者，说要和他合作抗敌。

原来，洛阳的隋朝官员获知炀帝的死讯后，拥戴越王杨侗为皇帝，即皇泰主，由郑国公王世充、陈国公段达、内史令卢楚等大臣共同辅政。他们听说宇文化及要往洛阳这边来，无不震惊恐惧，有人就建议联合李密一起抵抗宇文化及:“赦免李密，让他攻打宇文化及，等他们两败俱伤，我们再坐收渔翁之利。”卢楚等人都非常赞同，便派使者带着敕书去见李密。

李密自然求之不得，他立即上表要求投降，并请求讨伐宇文化及来赎罪。皇泰主也高兴坏了，马上拜

李密为太尉，封魏国公，让他先平定宇文化及，再入朝辅政。卢楚等人都觉得李密真心归隋，天下太平指日可待，于是摆酒庆贺，几名辅政大臣甚至起身欢舞，只有郑国公王世充气愤地说："朝廷的官爵，竟然封给盗贼，这是要干什么！"卢楚等人听了，对王世充心生不满。

李密受到洛阳朝廷的封赏，完全没了来自洛阳方面的后顾之忧，便集中精锐兵力攻击宇文化及。宇文化及被徐世勣打败后，只剩下两万多人，于是向北逃往魏县[①]。李密觉得宇文化及成不了气候，就向西回到巩洛，留下徐世勣防备他。

接着，李密就向皇泰主报捷，隋人都很高兴，只有王世充对他的部下说："我们多次与李密作战，前前后后打死他们很多人，将来一旦成了李密的部下，我们这些人没一个能逃得掉！"那些部下被激怒，发动政变，杀死了赞同联合李密的卢楚等大臣，王世充得以

---

① 治所在今河北大名西南。

掌握兵权，把持了洛阳朝政。

李密正准备入朝请赏，刚走到半路，听说死对头王世充掌握了大权，他心里那个气啊：自己虽然打败了宇文化及，却也损失了很多精兵骁将，战士们身心疲惫，不少还生了病，可以说代价惨重。原以为可以得到洛阳朝廷的封赏，补偿一些回来，现在看来是没希望了，他只好返回了驻地。

“这回王世充掌了权，肯定不会放过我。”李密有点儿沮丧，不过，他转念又一想：“哼，王世充这个手下败将，有种就来！”

果然，王世充挑出两万多精锐、两千多匹战马，气势汹汹前来攻打李密。李密亲自带领精兵去偃师，以邙山[①]为屏障等候王世充的军队。李密刚打败宇文化及，有些轻视王世充，所以连壁垒都没有修筑。

王世充探得消息后，知道李密轻敌，就悄悄派出两百多骑兵，夜里秘密进入李密军队驻扎的北邙山，

① 在今河南洛阳市东北。

埋伏在山谷中。

第二天天还没亮，王世充与两万将士盟誓："今天这一仗，不仅是争胜负，还决定生死。如果胜了，功名富贵自然不在话下；如果败了，一个人也逃不了。我们为活下去而战斗，不单是为了国家，请各位努力作战！"

天色微亮，王世充率领士兵逼近李密。李密出兵应战，但没等他布好军阵，王世充就已经发动攻击。王世充的这些士兵都是长江、淮河一带的人，剽悍骁勇，出入军阵像飞一样。

而且王世充懂得心理战，他事先找了一个长得很像李密的人，等战斗进行到最激烈的时候，就让人拉着被五花大绑的"李密"从阵前走过，并大声喊道："已经捉住李密了！"士兵们都欢呼"万岁"。

李密的将士听到后，都蒙了，一个个愣在原地，不知所措。王世充趁机命令埋伏的骑兵出击，从高处冲下来，直奔李密的营地。李密的军队因此溃散，不少将领投降了王世充，包括原来翟让的手下骁将单雄信。李密最后带着一万多人逃往洛口。

不料，守卫洛口的长史邴元真反叛李密，秘密派人去招王世充的军队。李密知道后没有声张，和众人商量，等王世充的军队渡洛水渡到一半时就进攻。然而，王世充的军队抵达洛水时，李密的哨兵没有及时发现，等到要出击时，王世充的军队已经全部过了河。李密估计打不过，只好率领部下逃到河阳，然后召集诸将商议对策。

将领们都很悲观，觉得无路可走了。李密也很凄惶，长长地叹息了一声，说道："军队打败了，我现在以死向大家谢罪。"说完拔出剑就往脖子上抹。

手下大将王伯当抱住李密，哭得昏了过去，大家也都伤心落泪。这时，一个叫柳燮的人出主意说："您和唐公李渊是同宗，又有交情，虽然没有随唐公一同起兵，但您出兵阻隔洛阳，切断隋军的归路，使唐公没有后顾之忧，不战而占领了长安，这也是您的功劳啊。"

众人一听，连连点头说："是啊，是啊。"于是，

李密决定归顺李渊。

李渊自然很高兴，李密快到长安时，他接连派人前去迎接慰问。李密很得意，对部下说："崤山以东几百座城镇，知道我在这里，派人去招降，也会全部来归顺的，这功劳不小，唐公还能不给我安排个要职吗？"

然而，令人意外的是，李密的军队到长安后，有关部门提供给他们的物资很差，士兵们接连几天没饭吃，大家都心生怨气。更让李密不快的是，李渊嘴上虽然"贤弟、贤弟"叫个不停，却只封他一些没有什么实权的虚职。朝中大臣大多看不起他，有些掌权的人还来索取贿赂。渐渐地，李密便心生离意。

这天，李密向李渊上书说："臣白白地享受尊宠，没有报效国家，愿意前往山东，收抚过去的部下，前来归降！"

李渊也正准备派李密前去收服旧将士，就想答应他的请求，但遭到很多大臣的反对，他们说："李密为人狡猾善变，现在派他去山东，犹如放虎归山，他这一去肯定不会回来了！”

但李渊最后还是让李密去了，临行前还请他喝酒，说：“有人确实反对让贤弟您去，朕以真心对贤弟，不是别人能够离间的。”

就这样，李密带着自己原来的人马出发了。行军途中，他的部下张宝德得知李密心生叛意，害怕被牵连，就悄悄地向李渊告密。李渊便改变了心意，又担心惊动李密，于是颁下敕书，命令军队慢慢前进，让李密一个人骑马入朝，接受新的安排。

李密接到敕书，知道李渊已经对自己产生了猜疑，便对部下说：“皇上无缘无故召我回去，是对我起了疑心，我如果回去，一定会被杀掉，不如攻下桃林县[①]，夺了县里的军队、粮食，起兵反叛，你们觉得怎么样？”

将领们都反对，连王伯当也劝阻李密。李密不听，王伯当便说：“义士的志向，不因为存亡而改变。您一

① 治所在今河南灵宝市东北。

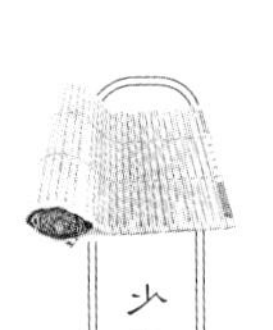

定不听，伯当和您一同死就是了，只是恐怕到头来也没有什么用。”

李密于是挑选了几十名骁勇的士兵，戴着面罩，穿着女人的衣服，把刀藏在裙子下，假称是自己的妻妾，骗桃林县官说：“我奉皇上诏命，暂时返回京师，我的家人就寄居在县衙。”那名县官没有怀疑，让他们进了县衙。没过多久，这些士兵换了装束，突然冲出来，趁机占领了县城。

李密攻下桃林县后，劫持县里的百姓，打算向东投奔过去的部将、伊州刺史张善相，对外却宣称他要去洛州。

熊州[①]的守将史万宝得知李密反叛，很担心，就对副将盛彦师说：“李密骁勇善战，又有王伯当辅助，几乎是不可抵抗的。”

盛彦师笑着说：“只要用几千兵马截击，一定能砍了李密的头。”

---

① 治所在今河南宜阳西。

史万宝忙问："你有什么办法？"

盛彦师说："兵法讲究'诈'，不能告诉你。"随即他率领士兵翻过熊耳山，据守山南要道，让弓箭手埋伏在路两旁的高处，拿着刀盾的士兵埋伏在溪谷，命令他们："等叛贼过河到一半，你们就同时出击。"

有人问他："听说李密准备去洛州，而您却进了山，这是为什么？"

盛彦师说："李密扬言要去洛州，是骗人的，其实他想投奔张善相。如果叛贼进了谷口，我们从后面追击，山路狭窄险峻，他们只要派一个人殿后，我们就拿他们没办法。现在我们抢先进谷，一定能捉住他们。"

果然，不久李密就率领军队翻过熊耳山，从山的南面出来。盛彦师下令攻击，李密的部队首尾被切断，断绝了联系，不能相互救援。混战中，盛彦师斩杀了李密和王伯当，把他们的首级传送到长安。李密一死，强大的瓦岗军迅速瓦解。

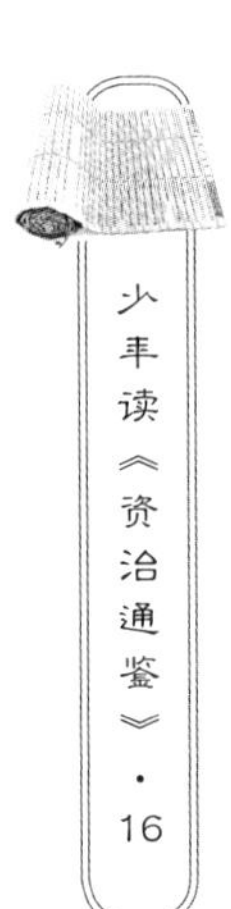

2

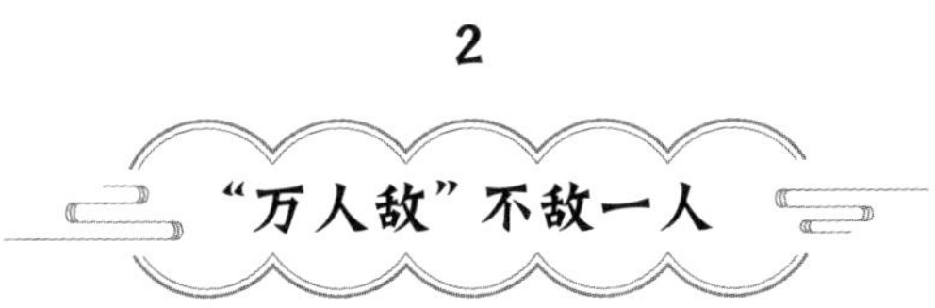

“万人敌”不敌一人

李渊虽然称帝，竖起了大唐的旗帜，但势力范围仅限于关中、河东等地区，天下还存在许多大大小小的割据政权，李渊要顺利东进南下，统一全国，必须先端掉西边的薛举政权，解决李唐的后顾之忧。

当初，陇右地区[①]盗贼四起，金城县令郝瑗招募了几千兵丁，命校尉薛举率领他们去讨伐盗贼。薛举在犒劳出征将士的酒宴上，带着儿子薛仁果[②]以及十三个同伙，逮捕了县令，号召大家造反。

---

① 又称陇西，泛指陇山以西地区。古代以西为右，故名。约今甘肃陇山、六盘山以西，黄河以东一带。

② 《新唐书》《旧唐书》作薛仁杲。

薛举骁勇无比，有万贯家财，好交结豪杰之士，他的号召得到众人的响应，于是便把当地官员全都监禁起来，然后开仓赈济百姓。薛举的这些措施深得人心，前来投军的人络绎不绝。他自称西秦霸王，封薛仁果为齐公，然后分兵攻城略地，很快便占领了整个陇西地区，军队扩充到十三万人。不久，薛举登基称秦帝，封薛仁果为皇太子。

薛仁果力大无穷，善于骑射，将士们对他十分敬畏，称他为“万人敌”。他生性贪婪、残忍，不把杀人当回事，曾经把俘虏放在火上烤，然后一点点儿地割下肉来让士兵们吃。有一次，他攻下一座城池，为了逼富人们交出金银财宝，就把他们倒吊起来，往鼻子里灌醋。

薛举经常为此教训这个儿子：“凭你的才能，是可以干大事的，但你生性如此酷虐，不能宽厚待人，总有一天会害得家灭国亡的！”但薛仁果把他老子的话当了耳旁风，吹过了事，依然我行我素。

随着势力越加壮大，薛举就想攻取长安，不料却

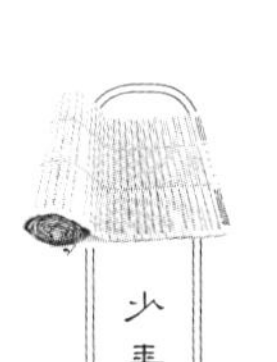

被李渊父子捷足先登，恼怒之下就派兵包围了距离长安只有数百里的扶风城。李渊派秦王李世民率兵进击，大破薛军。薛举惊慌不已，问大臣："古代有天子投降的事情吗？"

大臣说："汉高祖刘邦多次败在项羽手下，可他最终完成了帝业，陛下您又怎么能因为一战失利，就要做亡国的打算呢？"

薛举听了也后悔，便重新打起精神，指挥军队作战。李渊在长安称帝后，薛举派兵攻打高墌[①]。李渊任命李世民为元帅，统率大军前去抵御。

李世民认为薛举军粮少，急于速战速决，于是据守高墌，任凭对方在阵前叫骂，就是不出战，想拖垮他们。

偏偏这时李世民得了疟疾，就把军中事务委托给长史刘文静、司马殷开山，并告诫二人说："薛举孤军深入，粮食不多，士卒疲惫，假如来挑战，你们不要

① 在今陕西长武北。

应战。等我病好了，看我怎么打败他们。”

二人退下后，殷开山对刘文静说：“王爷担心我们不能打败敌人，才说刚才那番话的。贼兵听说王爷有病，必然轻视我们，我们应该显示一下武力，威慑敌人。”于是唐军在高塘西南列阵，仗着人多不加防备。薛举悄悄派了一支部队从背后袭击唐军，结果大败唐军，攻克高墌。李世民无奈，只得率军返回长安。

薛举很高兴，打算乘胜向长安进军，却突然患病，不久就去世了，太子薛仁果继位。李渊想趁薛仁果根基不稳，一举消灭他，便再次任命李世民为元帅，出兵攻打薛仁果，同时派李世民的舅舅窦轨率军牵制薛仁果，配合李世民作战。

谁知窦轨轻敌冒进，初战失败。薛仁果乘胜围攻泾州[①]。镇守泾州的骠骑将军刘感坚守城池，誓死抵抗。由于泾州地处偏远，城中储粮不多，被围多日后，粮食就吃光了，刘感忍痛把自己心爱的战马杀了，把马

① 在今甘肃泾川北。

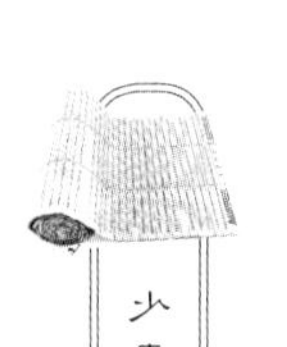

肉全都分给了将士们，自己则用煮马骨的汤拌着木屑充饥。

眼看泾州就要陷落，长平王李叔良领兵赶来支援。薛仁果担心不敌，率军向南撤退。走到半路，薛仁果不甘心失败，左思右想，想出一条诡计：让高墌人诈降，引唐军上钩。

李叔良收到高墌人的归降书，大喜过望，命刘感率兵前去受降。刘感来到高墌城下，见城门紧闭，就命人上前敲门。

城里的人回应说："贼军刚走，只怕他们还会卷土重来，城门开不得，你们还是翻墙进来吧。"

刘感顿时起了疑心，下令焚烧城门。城内的人见城门着火，连忙从城头倒水下来。刘感这才意识到对方是诈降，立即命令步兵先撤退，自己带领精锐骑兵殿后。就在这时，高墌城头突然燃起了三堆烽火，薛仁果的军队不知从哪儿冒出来，呐喊着向刘感的军队杀来。刘感不敌，被薛仁果抓获。

薛仁果又重新包围了泾州，他逼刘感向城内喊话，让唐军投降。刘感假装答应，走到城下却大声喊道：“贼人的粮草没了，秦王率领的几十万大军马上就到，你们不要担心，坚守城池，贼人很快就会灭亡！”

薛仁果大怒，让士兵挖了一个浅坑，把刘感活埋到膝盖，然后自己飞身上马，一边奔跑一边朝刘感放箭。没多久，刘感全身上下射满了利箭，鲜血直流，一直到死，他都在高声痛骂薛仁果。城内的唐兵见此情景，纷纷落泪。李叔良强忍住悲痛，与众将士环城坚守。

不久，李世民率领大军赶到高墌，扎下营寨。薛仁果派部将宗罗睺领兵抵御。宗罗睺几次发起挑战，李世民坚守营垒，不出兵接战。

众将领都想一雪前耻，纷纷请求出战，李世民说：“我们的队伍刚打了败仗，士气低迷，敌人仗着得胜，骄傲自满，轻视我们，我们应当紧闭营门，耐心等待时机。时机一到，他们骄傲，我们奋勇，一仗就可以打败他们。传令下去，有敢请战的，一律斩首！”将士们于是不敢吭声。

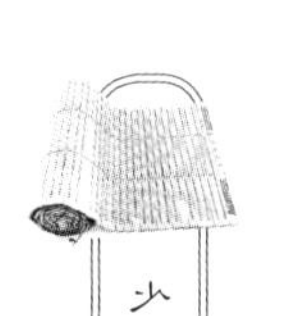

双方相持六十多天后，薛仁果的军粮吃完了。薛仁果做太子时，就和很多将领有矛盾，等他做了皇帝，大家都心生疑虑和不安。所以，这时就有不少将领带着各自人马前来投降唐军。

李世民见薛仁果的军队人心离散，便命令部将梁实在浅水原[①]扎营，引诱对方。

宗罗睺见唐军终于出来了，大喜过望，立即出动全部精锐兵力进攻梁实。梁实守住险要，也不出兵交战。宗罗睺一连猛攻了几天，李世民估计对方已经疲劳，觉得时机到了，就对众将领说："可以打了！"

天色微亮时，李世民命令部将庞玉在浅水原布阵。宗罗睺集中兵力转而攻打庞玉。两军混战之时，李世民率领大军出人意料地从浅水原北边出现，宗罗睺只得又掉头迎战李世民。

李世民带着几十名骁勇骑兵率先冲入敌阵，唐军上下奋力搏斗，呼声震天动地，宗罗睺的军队败退。

---

① 今陕西长武北浅水村一带。

李世民率领两千骑兵追击，窦轨刚吃过薛仁果的亏，生怕李世民重蹈覆辙，便死死拉住他的马，劝道："薛仁果还占据着坚固的城池，我们虽然打败了宗罗睺，还是不能轻敌冒进，我请求暂且按兵不动，观察一下敌人的动静。"

李世民说："一切都在我的掌握之中，现在我军势如破竹，机不可失！舅舅您不要多说了。"说完两腿一夹，策马疾驰而去，两千骑兵紧随其后。宗罗睺不敢再战，带着他的残兵四散而去。李世民于是又向高墌城挺进。

薛仁果得知唐军前来，在城下列阵，准备迎战。李世民沿着泾河[①]扎营，与他对阵。薛仁果手下几员骁将早就怨恨他的残暴，不愿再为他卖命，都跑到唐军阵前投降，薛仁果军中士气开始低迷起来。薛仁果这个"万人敌"，生平第一次感到害怕，于是带着人马进城拒守。天快黑时，唐军主力相继到达，包围了城池。

---

① 渭河最大支流，跨宁夏、甘肃、陕西三省区。

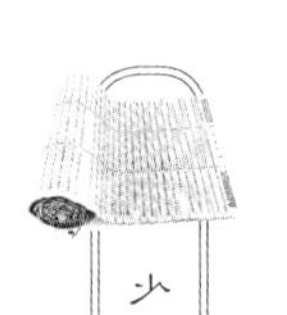

半夜，守城的士兵争着攀城墙出来投降。薛仁果无计可施，只好出城投降。众将领都来向李世民祝贺，顺便问他："大王舍弃步兵，又没带攻城器械，只率领两千骑兵就直接攻到城下，大家都以为会无功而返，没想到这么快就拿下了城池，这是什么原因呢？"

李世民笑着说："宗罗睺的部下都是陇西人，骁勇剽悍，我只是出其不意打败了他，杀伤并不多，如果停下攻势，他们就会退入城里，薛仁果安抚以后，再次出战，就不容易战胜了。现在迅速追击，他们就会逃回陇西，薛仁果吓破了胆，没时间谋划，这就是我取胜的原因。"众人听了，都心悦诚服。

李世民率军回到长安后，李渊下诏将薛仁果在闹市斩首示众，并追赠刘感为平原郡公。

3

一战灭两国

消灭西边的薛举父子后，秦王李世民又击败了河东地区的割据势力刘武周，从而解除了来自东北侧面的威胁。于是，唐高祖李渊把目光投向了洛阳。

洛阳城此时已经易主。王世充打败李密后，越发骄横独断，贪得无厌，官拜太尉还不够，又授意手下人向皇泰主杨侗建议，封自己为郑王，加九锡之礼。之后他又盯上了皇位，逼迫皇泰主禅让："现在天下尚未安定，需要立年长一些的人做君主，等到天下安宁，一定再恢复您的帝位，决不食言。"皇泰主无奈，只好答应。就这样，王世充当起了皇帝，立国号为郑。

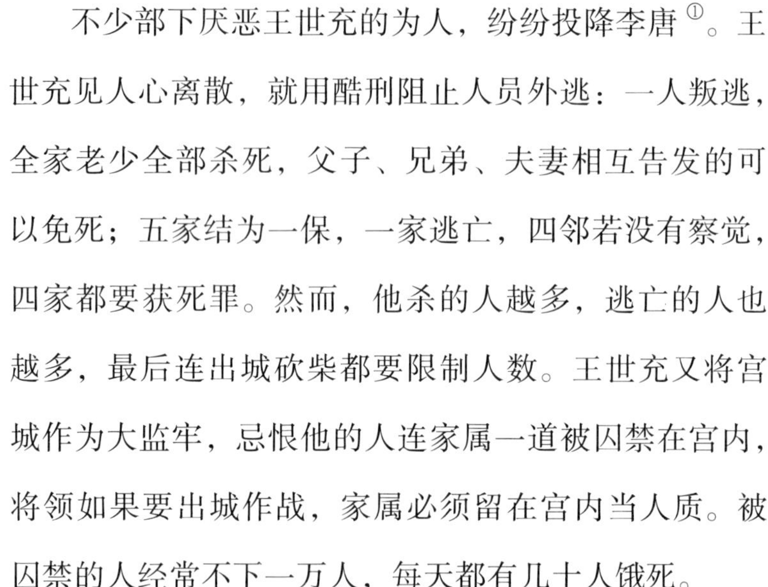

不少部下厌恶王世充的为人，纷纷投降李唐[①]。王世充见人心离散，就用酷刑阻止人员外逃：一人叛逃，全家老少全部杀死，父子、兄弟、夫妻相互告发的可以免死；五家结为一保，一家逃亡，四邻若没有察觉，四家都要获死罪。然而，他杀的人越多，逃亡的人也越多，最后连出城砍柴都要限制人数。王世充又将宫城作为大监牢，忌恨他的人连家属一道被囚禁在宫内，将领如果要出城作战，家属必须留在宫内当人质。被囚禁的人经常不下一万人，每天都有几十人饿死。

武德三年（公元 620 年），李渊命李世民统率大军东进，攻打王世充。王世充闻讯，急忙从各州选拔骁勇将士，集中到洛阳。

之前，王世充利用唐军和刘武周作战之际，占领了李唐在河南的不少地盘，势力得到扩张，军事力量不弱，而且唐军远道而来，在他的本土作战，原本应该会出现比较激烈的胶着战。不料一开战，王世充的

① 即李氏唐朝。

局面就迅速恶化，各地将领纷纷不战而降，才三四个月的时间，洛阳周围的郡县全部落入李世民手中，洛阳成了一座孤城。

眼看局势不利，王世充只好求和，他隔着滚滚的洛水，对李世民说："隋朝灭亡，你们李氏在关中称帝，我在河南建立郑国。我王世充并没有向西侵犯你们李唐，秦王您为什么忽然率军东来犯我郑国？"

李世民让手下人答复道："普天之下都仰慕大唐皇帝的声威教化，唯独阁下阻止皇帝声教，我们就为此事而来！"

王世充低声下气地说："我们大家停战讲和，不是很好吗？"

李世民又让手下人回答："大唐皇帝只命令我们攻取洛阳，没让我们讲和。"

王世充见和谈不成，就打算偷袭李世民。一天，王世充趁李世民巡视战区地形时，突然率领一万多人包围了他。当时李世民身边只有五百骑兵，面对强敌，唐军将士都很惊慌。

王世充的部将单雄信挺着长枪直奔李世民而来。说时迟，那时快，只见唐将尉迟敬德拍马冲过来，口里大喊了一声："小贼，拿命来！"话音刚落，他手中的铁鞭已经将单雄信掀下马背。王世充的将士见他如此勇猛，惊得纷纷后退。

尉迟敬德护卫着李世民冲出包围圈后，又重新率兵回击，他单枪匹马出入王世充队伍，如入无人之境。很快，唐军将领屈突通得到消息，带领大军赶到，将王世充的军队打得抱头鼠窜。

李世民率军日益逼近洛阳，王世充知道自己打不过，万般无奈下，只好向另一个割据势力窦建德求救。当初隋炀帝攻打高丽，窦建德抗拒东征，起兵造反，自称夏王。他每次攻陷城池后，就会把得到的财物全部分给将士，自己不留任何东西。他不吃肉，三餐粗茶淡饭，妻子也不穿绫罗绸缎。抓到隋朝官吏，他都量才授官，对不愿留下的人，给予路费粮食，派兵保护他们出境。所以，很多人依附他，是当时诸多割据势力中较有作为的枭雄，被李密打败、逃到魏县的宇文化及后来就是被他所灭。

先前窦建德和王世充交好，曾派使者到洛阳朝拜皇泰主杨侗。王世充自立为帝后，窦建德就和他绝交了。后来王世充侵占了窦建德的黎阳，窦建德便攻破殷州[①]，报复王世充。从此郑、夏两国关系恶化。

所以，当窦建德收到王世充的求救信后，第一反应是置之不理。臣子刘彬劝他说："天下大乱，李唐取得关中，郑国占据河南，我们夏国拥有河北，形成三足鼎立之势。如今李唐发兵攻郑，唐强郑弱，郑肯定撑不了多久。郑一旦灭亡，下一个就轮到我们夏了。不如放弃仇怨，发兵救郑，内外夹击，一定能打败唐军。李唐退兵后，我们再慢慢观察形势的变化，如果郑可取就取郑，然后合并两国的兵力，趁唐军疲劳，一举夺取天下！"

刘彬这个"唇亡齿寒"的论调，窦建德听进去了，派人回复王世充，答应出师援救。

① 辖境约在今河南获嘉一带。

此时，李世民的大军已经把洛阳城围得水泄不通。然而，由于城中的防御十分严密，武器也很厉害，大炮能把五十斤重的石头投出两百步远，还有八个弓的强弩可以把箭射到五百步远的地方，唐军虽然从四面昼夜不停地攻打，却过了十几天都没能攻克。

唐军将士都疲惫不堪，想回关中，不少将领也请求班师，李世民却说："这次大举而来，应当一劳永逸，彻底消灭王世充。洛阳周边的郡县都已经投降了，就剩下洛阳一座孤城，坚持不了多久，我们马上就要成功了，怎么能放弃呢？给我传令全军：洛阳不破，决不回去，再有胆敢提撤军的，一律斩首！"

远在长安的李渊听说后，也想见好就收，于是颁下密敕，让李世民还军。李世民只好派人回去当面向李渊说明军前形势："王世充就剩下洛阳一城而已，已经智穷力尽，克城之日就在近期。现在如果回师，他就会重新振作起来，再加上各地互相联合，以后想要消灭他就难了！"李渊听从了李世民的建议。

恰好这时，王世充的部下沈悦悄悄派人来请降，唐将王君廓连夜带兵偷袭洛阳东边的重要关隘——武牢[①]，沈悦做内应，于是唐军攻克了武牢。

不久，窦建德的十几万援兵到了，王世充的弟弟派手下将领率领几千士兵与窦建德会合，在武牢东边的平地上扎营，与王世充互通消息。

这时，李世民的手下将领就分成两派：一派认为应该暂避锋芒，退到潼关；一派则主张据武牢之险，一举打败郑、夏两国。

李世民采纳了后者的意见，说："王世充损兵折将，粮食吃光，上下离心，我们不必花气力攻打，可以坐等他败亡。窦建德刚刚打败占有曹、戴两州的孟海公[②]，将领骄傲，士卒却疲惫，我们占据武牢，等于扼住他的咽喉。"于是让大部队继续围困洛阳，他自己率领三千五百名骁勇将士，急行军进入武牢。

窦建德在武牢受阻，无法前进，打了几仗都没取胜，将士们个个想回去。这时有人劝他渡过黄河，进

---

① 即虎牢，唐朝时避李渊的爷爷李虎的讳，称武牢。

② 大业九年（公元613年），济阴人孟海公聚众起义，占有曹、戴两州（山东菏泽市定陶区、牡丹区一带），自称宋义王。

攻关中，逼唐军回师自救，洛阳之围就可以自动解除。这本是个好计策，但由于王世充不断派人来告急，请求驰援洛阳，窦建德因此没有采纳。他探听到唐军草料用完，在黄河北边牧马，打算率领全部兵马袭击武牢。

李世民得知后将计就计，向北渡过黄河，留下一千多匹马在黄河边吃草以引诱窦建德。窦建德果然倾巢而出，擂鼓前进。

李世民在汜水岸边布阵。窦建德轻视唐军，先派了三百名骑兵渡过汜水，在离唐军军营一里远的地方停下，然后派使者去对李世民说："请您也挑选几百名精兵与他们耍耍。"

李世民便派出两百名长枪手应战。双方从早晨打到中午，始终没能分出个胜负。窦建德的士兵又饥又累，逮着机会就坐下来休息，又争水喝，不少人徘徊着，想要撤退。李世民瞅准时机，率领全部人马涉过汜水，径直冲向敌阵，窦建德的士兵慌忙迎战。一时间，尘土飞扬，遮天蔽日。李世民带着猛将程咬金、秦叔宝等人卷起旗帜，冲进敌阵，又从阵后冲出，再打开旗帜。窦建德的士兵看见唐军军旗，以为对方胜了，立刻溃败。窦建德让长枪刺中，当了俘虏，被押到李世民面前。

李世民斥责他说："我们讨伐王世充，关你什么事？为什么你要越过自己的领土，进犯我军？"

窦建德羞愧地说："我若不主动来，只怕将来要麻烦您跑远路攻取。"

李世民让人押着窦建德来到洛阳城下。王世充看着五花大绑的窦建德，知道自己最后一丝希望破灭了，只好率领公卿大臣两千余人出城，向李世民投降。

李世民一举平定窦建德、王世充两大割据势力，统一了中国北方。不久，江淮的杜伏威、江南的萧铣等势力也先后降唐，大唐帝国的版图基础由此奠定，一个空前盛世即将来临。

4

玄武门之变

唐高祖李渊的妻子窦氏共为他生了四个嫡子：李建成、李世民、李玄霸、李元吉。除了早逝的李玄霸，其他三子都跟着高祖从晋阳起兵，一起打江山，其中数秦王李世民的功劳最大。高祖觉得前代王朝的官爵都不能与李世民的功劳相称，于是特别为他设置“天策上将”这一称号，地位在王、公之上。

早在晋阳起兵时，李渊就对李世民说：“如果大事成功，那么天下都是你带来的，该立你为太子。”等到李渊立了隋炀帝的孙子、代王杨侑为皇帝，自己成为唐王时，将领们就请求以李世民为世子[①]，但李世民坚决推辞，李渊只好立长子李建成为世子。

唐朝建立后，世子李建成也就成了皇太子，但他性情惰慢，喜欢饮酒，贪恋女色，爱打猎。高祖不喜欢他，常常想改立李世民为太子。李建成知道后很不安，想拉拢弟弟李元吉，就向他许诺说，自己即位后，会立他为皇太弟。于是李元吉经常和李建成谋划，一起排挤李世民。

高祖晚年宠幸的妃嫔很多，李建成和李元吉对她们奉承献媚、重金贿赂，只有李世民不去讨好她们，她们便争相在高祖面前称赞李建成、李元吉，诋毁李世民。

李世民平定洛阳后，高祖让几个贵妃到洛阳挑选隋朝留下来的宫女，她们私下向李世民索要宝物，并为自己的亲戚求官。李世民回答说："宝物都已经登记在册，上报朝廷了。官位应当授予有才能、有功劳的

① 古代诸侯王法定继承人的正式封号。

人。”所以没有答应她们的任何要求，妃嫔们因此更加恨他。

尹德妃的父亲尹阿鼠骄横跋扈，秦王府的官员杜如晦经过他的门前时没有下马，尹阿鼠的几名家童就把杜如晦从马上拽下来，揍了他一顿，还打断了他的一根手指，骂道：“你是什么人，胆敢过我的门前不下马！”

打完人，尹阿鼠怕遭到李世民报复，就让尹德妃来了个恶人先告状。尹德妃哭哭啼啼地对高祖说：“秦王的亲信欺侮我娘家人。”高祖见她哭得梨花带雨，就生气地责备李世民：“朕的妃嫔家都受你身边的人欺凌，何况是小老百姓！”李世民反复为自己辩解，但高祖始终不相信他。

李世民每次在宫中侍奉高祖宴饮，面对诸位妃嫔，想起母亲死得早，没能看到高祖拥有天下，有时不免叹气流泪。高祖看到后很不高兴，妃嫔们便又趁机诋毁李世民：“天下平安无事，陛下年寿已高，就应该娱乐娱乐，开开心心，而秦王总是一个人流泪，这实际上是憎恨我们呢。陛下作古后，秦王一定容不下我们母子，我们会被杀得一个不留！”

从此高祖打消了改立太子的念头，逐渐疏远李世民，对李建成、李元吉却日益亲密起来。

有一次，高祖外出打猎，太子李建成、秦王李世民和齐王李元吉都随同前往。李建成有一匹胡马，膘肥体壮，但是喜欢尥蹶子，他就假装好意，将这匹胡马送给李世民。李世民骑着这匹胡马追逐野鹿时，胡马忽然尥起蹶子来。幸好李世民善于骑马，跃身而起，在几步外站定。这样连续发生了三次后，李世民就对李建成产生怀疑，对身边人说：“太子想用这匹胡马害我，可生死是命运主宰的，他又能伤害我什么呢？”

李建成听说后，就让嫔妃在高祖面前诬陷李世民：“秦王说什么‘上天授命于我，要让我当天下的共主哩，怎么会白白死去’。”

高祖非常生气，又把李世民叫去，责备他说：“谁是天子，自然会有上天授命于他，不是人的智力所能够谋求的，你怎么这般急切呢？”

李世民摘去王冠，伏地叩头，请求将自己交付执法部门查证，高祖仍然怒气不息。就在这时，有关部门奏称突厥带兵前来侵扰。

原来，突厥的始毕可汗死后，继位的颉利可汗就破坏盟约，时不时地前来侵扰，让高祖非常忧虑。于是，他的脸色缓和下来，转而劝勉李世民，让他戴上王冠，系好腰带，起来商议对付突厥的办法。最终，李世民利用反间计，迫使颉利退兵。高祖总是这样，发生敌情时，就命令李世民前去讨伐敌人，等到战事平息，他对李世民的猜疑却越发严重。不过，尽管这样，高祖始终没有对李世民起杀心。

李建成见这些办法都难以彻底除掉李世民，就想了一个毒招。一天夜里，他突然叫李世民去喝酒。李世民没有提防，喝下了用鸩羽浸泡过的毒酒，心脏剧痛无比，吐了几升血，被人搀扶着回去。好在大夫及时为他救治，才保住了性命。

高祖了解事情的原委后，去看李世民，面露难色地对他说："你是第一个提出反隋的人，之后平定国内的敌人，这都是你的功劳。朕原本是打算立你为继承人，你却坚决推辞。而且，建成年纪最大，从立为世子到现在，很长时间了，朕也不忍心削去他的权力啊。朕看你们兄弟似乎难以相容，一起住在京城，肯定会生出事情来，朕打算派你去洛阳，陕州①以东的大片地区都归你管。”

李世民也担心太子会继续加害自己，离开京城这个是非之地，不失为上策，且洛阳地势优越，是个好去处，就同意了。

李建成和李元吉得知后聚在一起商议：“秦王到了洛阳，有了地盘和军队，就不容易控制了。不如将他留在长安，要搞他就很容易。”于是，他们在李世民准备出发的时候，暗中让人给高祖上密奏，说秦王前往洛阳利少弊多。高祖便改变主意，不让李世民前往洛阳了。

秦王府的官员知道李世民处境艰难，都忧惧万分。

① 辖境相当于今河南三门峡、陕县、洛宁、渑池、灵宝等市县及山西运城一带。

幕僚房玄龄、长孙无忌、杜如晦劝李世民诛杀李建成与李元吉："大王的功劳足以遮盖天地，理应继承大业。大王应该像周公平定管叔和蔡叔一样，安定皇室与国家。"

李世民叹息着说："骨肉相残，是古往今来的大丑事。我也知道祸事即将来临，但我打算等他们先动手，然后再讨伐他们，这样是不是更好？"

房玄龄等人劝道："不能再等了，再等我们就被动了。到那时，遭殃的不仅是我们秦王府，国家的存亡都成问题。"但李世民还是犹豫不决。

为了削弱李世民的力量，太子李建成和齐王李元吉想尽各种办法，或行贿拉拢，或治罪关押，或任职外派，把李世民身边的谋士亲信接二连三地弄走，就连房玄龄和杜如晦也遭到他们诬陷，被驱逐出京。

不久突厥又来进犯，李建成便推荐李元吉代替李世民率各路大军北征突厥，高祖听从了他的建议。李元吉又请求让秦王府的尉迟敬德、秦叔宝等骁将随自己出征，他还把秦王军中精悍勇锐的将士挑走以充实自己的军队，而李建成则准备在自己和李世民为李元吉饯行时，趁机杀死李世民。

长孙无忌、尉迟敬德等人得知后，劝李世民立刻动手。尉迟敬德说："如果大王不肯动手，我就准备逃到荒野了，我可不想留在大王身边任人宰割！"

李世民还是拿不定主意，想让人卜算一下吉凶。幕僚张公谨将龟甲拿过来扔在地上说："占卜是为了决定疑难之事，眼前的事情并没什么疑难的，还占卜什么呢！如果卜算的结果是不吉利的，难道就不采取行动了吗？"

李世民这才下定决心除去太子与齐王。他先是秘密召回房玄龄和杜如晦，然后向高祖上了一份奏章，告发李建成和李元吉与后宫嫔妃淫乱，并说："我丝毫没有对不起哥哥与弟弟的地方，现在他们却打算杀死我，似乎是要为王世充和窦建德报仇。如今我将含冤而死，永远离开父皇，魂魄回到地下，如果见到王世充等人，实在感到羞耻！"高祖大惊，答应次日就审问此事，要李世民尽早入朝参见。

第二天，李世民率领长孙无忌等人入朝，在玄武门埋伏了士兵。不料，高祖的一个嫔妃暗中得知了李世民上奏的内容，急忙跑去告诉李建成。李建成便把李元吉叫去商量。

李元吉说："我们应该控制住你的东宫和我的齐王府的军队，然后借口有病，不去上朝，进一步观察形势再说。"

李建成则说："军队方面的布置已经很周密了，我们应该入朝参见，亲自打听消息。"于是二人一起入朝。

走到临湖殿的时候，李建成与李元吉察觉到情形不对，立即调转马头，准备返回东宫和齐王府。李世民却从后面招呼他们。李元吉立即拉弓要射李世民，不知道是不是因为紧张，拉了好几次都没把弓拉满。李世民却不含糊，举起弓箭，一箭就把李建成射死了。尉迟敬德带着七十名骑兵随即赶到，把李元吉射下马来。

就在大家以为大功告成时，李世民的坐骑突然受惊，狂奔起来，跑进了玄武门旁边的树林里。李世民被林中的树枝挂住，从马上摔下来，倒在地上，一时爬不起来。

李元吉挣扎着从地上爬起来，迅速追了上去，夺过李世民的弓，准备勒死他。就在这紧要关头，尉迟敬德跃马奔来，大声喝住了他。李元吉知道自己不是尉迟敬德的对手，就放开李世民，想跑进武德殿寻求高祖庇护，但尉迟敬德策马追上他，一箭将他射死。

东宫和齐王府得知消息，立即出动两千精锐兵马，赶到玄武门，与埋伏在那里的秦王的士兵激战起来。不久，尉迟敬德提着李建成和李元吉的头颅前来，东宫和齐王府的人立刻溃散，逃之夭夭。

此时，高祖正在宫内的海池上划船，李世民让尉迟敬德入宫担任警卫。尉迟敬德身披铠甲、手握长矛，径直来到高祖所在的船上。高祖极为震惊，便问他：“你到这里来做什么？”

尉迟敬德回答说：“太子和齐王作乱，秦王起兵诛杀了他们。他担心惊动陛下，便派臣来保护陛下。”

高祖叹了口气，对身边的大臣们说：“想不到竟然

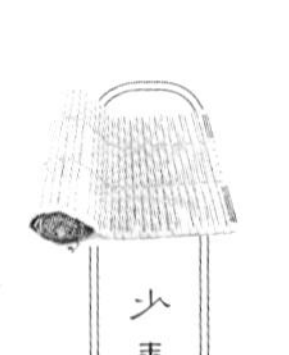

会发生这样的事情，你们认为应当怎么办呢？”

那几位大臣是高祖召来调查李世民上奏的事情的，此刻他们都说：“太子和齐王忌妒秦王功勋大、威望高，策划邪恶的阴谋。秦王诛杀他们，并没有错。如果陛下能够立秦王为太子，将国家大事交托给他，就不会再生事端了。”

高祖说：“好！这也是我一直的心愿啊。”然后召李世民前去，安抚他说：“曾参的母亲听信别人的话，以为自己的儿子杀了人，吓得扔掉手中的梭子翻墙逃走。最近这段时间，朕差点儿就犯了这样的错啊。”李世民跪下来，伏在高祖的胸前，放声痛哭了很久。

几天后，高祖就立李世民为皇太子，并下诏说：“从今天起，军队和国家的各项事务，无论大小，全都交给太子处置决断，然后再报告给朕。”

又过了两个月，高祖颁下诏书，将皇位传给太子李世民。李世民再三推辞不过，第二天就即皇帝位，他就是著名的唐太宗。这一年是公元626年。

5

贞观之治

“陛下，最好的办法就是使用重刑，这样盗贼才会害怕，不敢再去偷。”

“是啊，对良民要以仁德去教化，对罪犯就应该使用严苛的刑法，这样才能震慑犯罪。”

太极宫明德殿里，刚刚即位的唐太宗李世民正在与群臣讨论防盗的问题。很多人赞成通过严刑重法来禁盗。

太宗微笑着说：“老百姓之所以做盗贼，是因为朝廷派到他们头上的赋税和劳役太繁重，再加上当官的贪财好利，搜刮民脂民膏，百姓苦不堪言。吃不饱，穿不暖，饥寒交迫之下，便顾不得廉耻，只能偷盗。

朕认为，应当杜绝奢侈浪费，减轻百姓的负担，使老百姓有吃有穿，温饱解决了，他们自然不会去做盗贼，何必用严刑重法呢？”于是下诏实行轻徭薄赋的政策。

退朝后，太宗心里仍然久久不能平静。他意识到，要保证百姓有田种、有饭吃、有衣穿，过上和美的日子，还必须任用清廉、有作为的官吏。

于是，他对中书令房玄龄说：“任用官吏的关键是得到合适的人选，而不在于人多。”他让房玄龄裁减多余的官吏，之后，又派李靖等大臣巡视全国各地，考察地方官吏是否贤能，并起用被埋没的人才。

为了选拔清廉的官吏，太宗把各地都督、刺史的名字书写在屏风上，一听说他们的善恶事迹，立即标注在他们的名字下面，以备升迁和降职时参考，而县令尤其与百姓亲近，更加要谨慎选择，他便要求五品以上官员各自推荐能胜任县令职位的人，只要有能力，品德好，无论出身，一律任用。

有了清廉能干的官吏还不够，治理国家还必须有法可依，太宗又让吏部尚书长孙无忌等人重新议定律令，在宽缓刑罚的原则下，删减了一半多的死刑，把重刑改为轻刑的更是多得不可胜数。

一天，太宗读《明堂针灸书》，看到书里说“人的五脏经络，都在后背”，就立即下诏，要求今后不得鞭打囚犯的后背。

有个叫张蕴古的官员，被人弹劾，太宗一怒之下，将他处斩。这个张蕴古曾经给太宗上过一篇《大宝箴》，说：“上天授命于君主，是让他一个人来治理天下，而不是让天下人侍奉他一个。”太宗很欣赏他。

杀了张蕴古后，太宗非常后悔，又下诏说：“今后有死刑犯，即使判令立即处决，仍需三次复议才能执行。”但有关部门图省事，短时间里就完成三次复议，太宗便又规定：“判死刑的犯人，两天之内中央部门要五次复议，下到各州的也要三次复议。行刑当天，朕不喝酒，不吃肉，也不听音乐。”

有一次，太宗亲自巡视监狱，他看到即将处死刑的人，想着虽然他们都罪有应得，但终究也是他治下之民，便心生怜悯，想满足他们生前最后的愿望。

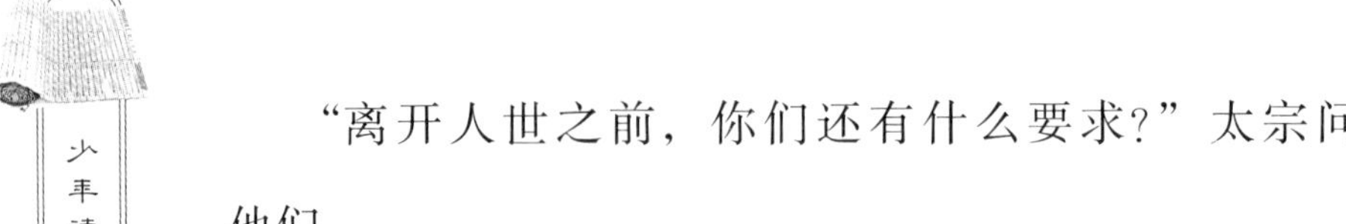

“离开人世之前，你们还有什么要求？”太宗问他们。

“皇上开恩，若能让我们再回家看望一下老母和妻儿，我们死而无憾。”死囚们磕头如捣蒜。

太宗沉思片刻后说：“朕放你们回家，与亲人最后团聚，明年秋天你们自行回来受刑。”然后下令释放这三百九十名死囚。

第二年秋天，放归的三百九十名死囚在无人监督的情况下，都按期自行赶回京师，没有一个人逃亡。太宗很受感动，将他们全部赦免。

但是，太宗又很注意宽赦的尺度，他告诫大臣：“古人说：‘宽赦是小人的幸事，是君子的不幸’，留着恶草会损害好谷子，宽赦罪犯则让善良的百姓遭殃。所以，朕即位以来，并不想发布太多的赦令，以免小人有恃无恐，动辄触犯法令。”

太宗深知天下的安定，是以百姓的安居乐业为基础，所以他始终把百姓的疾苦放在心上。

有一年，关内大旱，导致严重饥荒，很多百姓卖儿卖女换取食物。太宗得知后心疼不已，让官员拿出皇宫府库中的金银财物，去赎回被变卖的子女，送还给他们的父母，并下诏说："假如将灾害移到朕的身上，换来五谷丰登、百姓安居，朕也心甘情愿，毫不吝惜。"结果没过多久，旱区就天降大雨，百姓高兴不已，奔走相告，说是皇上的爱民之心感动了上天。

不久，长安地区又出现了蝗虫。太宗在玄武门北面的园林里也看见蝗虫，他捉住几只蝗虫，说："百姓靠谷物为生，却被你们吃掉，朕宁可让你们吃我的肺肠，也不要你们去危害百姓。"说完就要往嘴里送。

侍从赶紧劝阻："陛下，千万不可，这都是不干净的东西，吃了恐怕要得病。"

太宗说："朕恨不得它们把灾难转移到朕一个人身上，怎么还会害怕生病呢？"说完吞食掉了蝗虫。后来，蝗虫渐渐消失了，并没有形成灾害。

太宗心系百姓，严格约束自己，他曾经对身边的大臣说："君主依靠国家，国家仰仗百姓。剥削百姓来奉养君主，就好像嘴馋的人肚子饿了，从身上割下肉

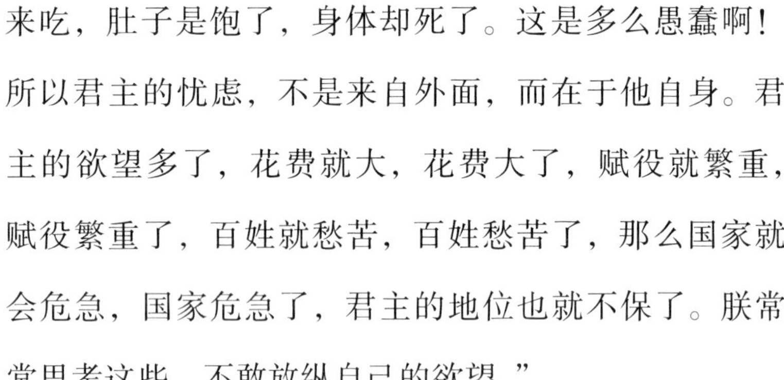

来吃，肚子是饱了，身体却死了。这是多么愚蠢啊！所以君主的忧虑，不是来自外面，而在于他自身。君主的欲望多了，花费就大，花费大了，赋役就繁重，赋役繁重了，百姓就愁苦，百姓愁苦了，那么国家就会危急，国家危急了，君主的地位也就不保了。朕常常思考这些，不敢放纵自己的欲望。”

有一年，太宗想修建洛阳的宫殿，以备将来巡幸时使用，工匠们都把材料备齐了，大臣张玄素却劝谏说：“当年隋朝营造宫殿，劳民伤财，百姓怨声载道，最终导致覆灭。陛下难道忘了，刚平定洛阳时，您下令将隋朝宫殿中凡是精美奢侈的都毁掉，这件事过去还不到十年，为什么又下令重新修缮？陛下从前讨厌的东西，难道现在要加以效仿吗？而且目前国家的财力，怎么能与隋时相比！陛下这么着急地劳役百姓，承袭隋朝灭亡的弊端，祸乱恐怕会超过炀帝呀！”

太宗的脸色有些不好看，他冷冷地对张玄素说：“你的意思是朕不如炀帝？那么与桀、纣相比如何？”

张玄素面不改色，答道：“陛下这么劳民下去，恐怕也要像他们一样招致变乱！”

这话大大地触动了太宗，他低头想了一会儿，感慨地说：“这事是朕考虑不周，你说得有道理，立即停止这项工程吧。以后如果我有事去洛阳，就是露天居住也不要紧！”

不久，又有一件事让太宗感触良多，从此广开言路，从谏如流。太宗年轻时喜好弓箭，曾经得到十几张好弓，他认为世上没有哪张弓能超过它们。有一次，他把这些弓拿给做弓箭的匠人看，结果匠人说：“陛下的这些弓用料不行。”

太宗很惊讶，便问原因。匠人说：“这些弓的木料，中心部分不直，所以脉纹也都是斜的，弓力虽然强劲，但箭发出去不走直线。”

太宗深受启发，对臣子们说：“朕以弓箭平定天下，然而却对弓箭的性能并不完全清楚，何况对于天下的事务，又怎么可能知道所有的道理呢？人想要看见自己的样子，一定要借助镜子，君主想知道自己的过错，身边一定要有耿直的大臣。希望你们畅所欲言，

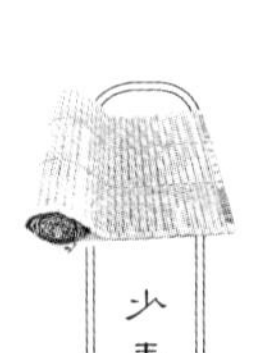

及时指出朕的过失。”

太宗担心官员里有很多人接受贿赂，便秘密安排身边的人去试探他们。刑部有个官员收受了一匹绢帛，太宗知道后就想杀掉他。民部尚书裴矩就劝谏：“当官的接受贿赂，的确罪当处死，但陛下派人送上门去让他接受，这是故意引人犯法，恐怕不符合孔子所谓‘用道德加以诱导，以礼教来整齐民心’的古训。”

太宗听了很高兴，召集五品以上的官员，对他们说：“裴矩能够做到在位敢于力争，并不一味地顺从朕，假如每件事情都能这样做，国家怎么会治理不好呢？”

此后二十年间，国家富足，社会安定，百姓安居乐业，一派升平景象，史称贞观之治。显然，这与唐太宗爱民如子、任用贤良、重视法治、虚心纳谏分不开。

6

魏徵是一面镜子

有一次，唐太宗宴请官员，宴席上，他感慨地说："贞观年之前，跟随朕夺取天下的人里，以房玄龄的功劳最大；贞观年之后，治理天下，纠正朕的过失，主要是魏徵的功劳。"说完分别赐给他们佩刀，以示恩宠。

房玄龄自不必说，他在太宗攻入长安后一路追随，协助其运筹帷幄，经营四方，削平群雄，的确立下安定社稷的不世功勋。

而魏徵就不一样了。魏徵原来是李建成的太子洗马[①]。早年，他见李建成虽然是嫡长子，但功绩不如李

① 东宫属官。洗亦作先。先马，即前驱。举行典礼时负责导引仪式，太子出行时则为前导。

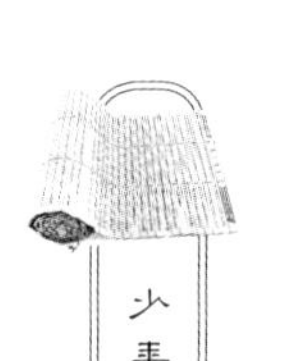

世民，就劝李建成请战立功，巩固自己的地位。李建成听了他的话，带兵平定了山东的割据势力刘黑闼，果然让高祖刮目相看。后来，魏徵见李世民的威胁越来越大，就经常劝李建成尽早除去李世民。

等到玄武门事变，李建成失败被杀，李世民就把魏徵召去，责备他："你为什么挑拨我们兄弟的关系？"

魏徵神色自若地回答："我为太子做事，就要效忠他。如果他早听我的话，就不会有今天的下场。"

众人都为魏徵捏了一把汗，以为他必死无疑，谁知李世民不但没有杀他，反而对他以礼相待。李世民登基后，让魏徵做了谏议大夫[①]，经常向他询问政治得失。魏徵知无不言，他的所有建议都被太宗高兴地采纳。

贞观元年，有人告发魏徵私下偏袒自己的亲属，提拔他们做官。太宗立即派御史大夫[②]温彦博去调查

---

① 负责谏诤议论。

② 隋、唐、五代时，为御史台长官，专掌监察弹劾百官，地位虽高，但比起秦、汉时相当于副宰相，职权有所下降。

此事。结果，查无证据，纯属诬告。太宗很高兴，但仍派人转告魏徵："你内心虽然无私，但以后也要注意避嫌。"

过了几天，魏徵上朝对太宗说："我听说君主和臣子就像一个整体，应当彼此真心相待。如果上下不讲秉公办事，只讲远避嫌疑，那么国家的兴亡就未可知了，恕臣不能接受这个诏令。希望陛下让臣做良臣，不要让臣做忠臣。"

太宗好奇地问道："忠臣和良臣有什么区别吗？"

魏徵答道："君臣齐心协力，共享荣耀，使君主成为明君，自己也收获美名，这是良臣；拼死诤谏，使君主沦为暴君，自己身死，家破国亡，这是忠臣。二者相差甚远。"

太宗笑了笑，又问魏徵："那么，怎样做才能成为明君，怎样又是昏君呢？"

魏徵答道："兼听则明，偏信则暗。能广泛地听取各方面的意见，就能明辨是非，偏信某个人就会昏庸糊涂。从前尧帝体恤下情，向民众了解情况，所以能

及时掌握三苗[①]作恶的事。舜帝耳听四面，眼观八方，所以共工、鲧、驩兜都蒙蔽不了他。秦二世偏信赵高，在望夷宫被赵高所杀；梁武帝偏信朱异，在台城被侯景侮辱；隋炀帝偏信虞世基，死于扬州的兵变。所以，君主如果善于听取各方面的意见，则亲贵大臣就不敢阻塞言路，下面的情况就可以反映上来。"

太宗听得很高兴，称赞道："你说得非常好！"然后赐给魏徵五百匹绢。

魏徵相貌平平，但是很有胆略，有时碰上太宗非常恼怒的时候，他也面不改色，太宗因此对他越来越敬畏，时刻注意约束自己的行为，生怕被他抓到错处。

有一次，魏徵告假回家扫墓。回来后，他问太宗："听说陛下要巡幸南山，外面的人马都准备妥当，但您最后又没去，为什么呀？"

太宗笑着说："起初确实有这个打算，怕你回来责怪朕，所以就取消了。"

---

① 尧舜禹时代南方较强大的氏族部落集团。

还有一次，太宗得了一只好鹞鹰，他很高兴，就把它放在臂膀上逗玩。正当太宗玩得起劲时，突然望见魏徵从远处走过来，他怕魏徵看到后，说他玩物丧志，赶紧把鹞鹰藏进怀里。魏徵来到太宗跟前，开始一件件地奏报朝政大事，每件事他都要把前因后果交代清楚。太宗只好耐着性子听他讲完。魏徵一走，太宗赶紧掏出那只鹞鹰，却发现它已经闷死在自己怀里。

这天，太宗翻阅《隋炀帝集》，见辞藻深奥、渊博雅正，肯定尧舜而否定桀纣，就问魏徵："为什么隋炀帝做起事来和他文章里写的完全相反呢？"

魏徵回答道："君主即便是圣明之人，也应该虚心地接受别人的劝谏，这样才能使有智慧的人贡献他的才能，勇武的人竭尽他的全力，为君主效命。隋炀帝这个人，仗着自己的才智，骄傲自大，刚愎自用，所以尽管他嘴里说的是尧舜的美德，做的却是桀纣做过的事。他没有自知之明，因此遭到覆亡的下场。"

太宗叹息道："前人的教训离我们不远，应当引以

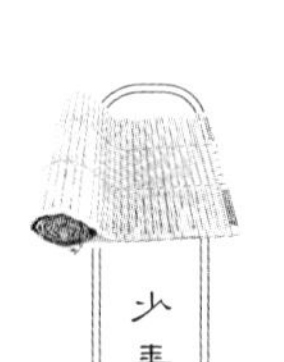

为鉴啊。”从此，他更加兢兢业业治理国家，时刻提醒自己不能成为隋炀帝。

贞观六年（公元632年），中华大地，东到大海，南至五岭，家家户户夜不闭户，路不拾遗，可谓天下太平，边境也和睦，各民族融洽相处，四方夷族尊称太宗“天可汗”。文武百官于是请求太宗举行封禅大礼。

太宗却说：“你们都认为登泰山封禅是帝王的盛举，朕不以为然，如果天下安定，百姓家家富足，即使不去封禅，又有什么要紧呢？从前秦始皇搞封禅，而汉文帝不封禅，难道汉文帝的贤德不如秦始皇吗？而且祭祀上天，不一定非得登泰山之顶才算诚心啊！”

群臣还是不停地请求，太宗最后同意了，唯独魏徵认为此事不可行。

太宗便问他：“你不想让朕去泰山封禅，是认为朕的功劳不够高吗？”

魏徵答道：“够高了！”

太宗又问：“是德行不厚吗？”

魏徵答道：“很厚了！”

太宗再问："是天下还没安定吗？"

魏徵答道："安定了！"

太宗继续问："是四方的夷族还没归服吗？"

魏徵答道："归服了。"

太宗继续追问："是年成还不丰吗？"

魏徵答道："够丰了！"

太宗顿了顿："那么，就是吉祥的符瑞还没有出现？"

魏徵答道："出现了！"

太宗笑了："那为什么不可以行封禅礼？"

魏徵答道："陛下虽然有上述六点理由，但自从隋朝灭亡、天下大乱之后，户口没有恢复，国库还很空虚，而陛下的车驾东去泰山，随从如云，路上的花费必定巨大。封禅一次，就算免除几年徭役，也不能补偿老百姓的劳苦。像这样崇尚虚名而实际对百姓有害的政策，陛下怎么能采用呢？"

就在这时，黄河南北地区几个州县发大水，封禅一事就被搁置下来。

过了几年，魏徵发现太宗逐渐倦怠松懈起来，就上疏批评他："陛下从善如流、闻过必改的精神似乎不如从前，逞威发怒却渐渐多了。尤其最近几年动不动就征役民力，还说'百姓安逸就会变得骄纵'。自古以来，国家没有因为百姓安逸而败亡、因为百姓劳苦而安定的。开头做得好的君主很多，能坚持到最后的却很少，臣希望陛下能善始善终。"

太宗看了很羞愧，他把魏徵叫去，感慨地说："朕虽然平定了天下，但要守住很艰难。朕要把你的奏疏挂在屏风上，早晚阅读。"

有一年，太宗想要任命黜陟大使[①]，负责考核、审定官员的政绩，但很久都没有物色到合适人选。右仆射李靖就推荐了魏徵。太宗直摇头，李靖很奇怪，问："陛下一向信任魏徵，为什么不同意呀？"

太宗严肃地说："魏徵针砭规劝朕的过失，一天也不能离开朕的身边。"

---

① 考核官员，以定升降。降免者称黜，晋升者称陟。

有一次，魏徵生病告假，太宗亲自写了诏令探问病情，还说："爱卿，几天不见你，朕的过错又多起来了。本来想亲自去探望你，又怕给你添加烦扰。你在家养病时，如果听到或看到什么，可以随时写个折子呈上来。"魏徵非常感动，于是支撑病体，上书进言。

不久，长期过度劳累的魏徵再次病倒。太宗急坏了，每天派人前去问候，给他送药，还让中郎将李安俨住在魏徵家里，一有动静立即报告。后来，太宗带着太子和衡山公主[①]一同到魏徵府上，并指着衡山公主，说要将她嫁给他的儿子魏叔玉。

几天后，魏徵去世，太宗十分伤心，命九品以上文武官员都去奔丧，并赐给持羽葆的仪仗队和吹鼓手，陪葬在昭陵[②]。魏徵的妻子全都推辞不受，她说："魏徵平时生活简朴，如今用鸟羽装饰旌旗，用一品官的礼仪安葬，不是他的愿望。"最后只用布罩在车上，载着棺材安葬。太宗登上禁苑西楼，望着魏徵的灵车痛哭

① 唐太宗最疼爱的小女儿。
② 唐太宗和长孙皇后的陵寝。在今陕西礼泉九嵕山。

不已，他亲自为魏徵撰写碑文，并书写在墓碑上。

魏徵死后，太宗不停地思念他，常对身边的人说："铜做的镜子可以帮助我们端正衣冠；用历史做镜子，则可以了解朝代兴衰更替的规律；而用人做镜子，就可以知道自己做的事是对还是错，朕经常用这样的方式防止自己犯错。魏徵死了，朕失去了一面绝好的镜子。"

7

模范皇后

在李世民受到太子李建成、齐王李元吉排挤诬陷时，他的王妃长孙氏经常出入宫中，尽心侍奉高祖李渊，对后宫嫔妃也殷勤恭顺，极力消除他们对李世民的误解。

李世民登基后，将长孙氏立为皇后。她生性简约，不喜欢浪费，所需的东西够用就行，当了皇后也依然保持节俭的本色，经常训诫皇子们，要求他们以谦恭节俭为先，即便是亲生子女，她也一样严格对待。

长孙皇后的大儿子李承乾自幼便被立为太子，由他的乳母遂安夫人总管东宫的日常用度。遂安夫人对

太子十分上心，觉得东宫的东西不够用，几次请求长孙皇后奏请皇上增加一些费用。

长孙皇后不许，说："身为太子，该忧虑的是自己的德行和声名，怎么能只想着自己的东西够不够用呢？"

长孙皇后从小就喜欢读书，梳妆打扮时也手不释卷，满腹才学的她常常与太宗谈古论今，深得太宗的敬重。她深知"盈满则亏"的道理。她的同母哥哥长孙无忌，与太宗早年为布衣之交，有辅佐他即位的大功，被太宗视为心腹。太宗几次想提拔他为宰相，长孙皇后都不同意，固执地请求说："我身为皇后，家族的尊贵荣耀已经达到顶点，实在不愿意我的兄弟再去执掌国政。汉代的吕、霍、上官三家外戚，都是痛彻骨髓的前车之鉴，望陛下体恤明察！"

太宗只好任命长孙无忌为吏部尚书，但后来还是升他为尚书右仆射。长孙无忌自己也担心富贵至极会带来灾祸，一再请求让位，长孙皇后也尽力为他请求，太宗无奈，只好批准他离职。

这年，长乐公主要出嫁了，太宗因为她是皇后亲生的，特别疼爱，命令有关部门准备的陪嫁要比皇姑永嘉长公主多一倍。

魏徵劝谏说：“过去汉明帝分封采邑给皇子时说：‘我的儿子怎么能和先帝的儿子相比呢？’如今公主的陪嫁比长公主多一倍，岂不是与汉明帝的做法相差太远吗？”

太宗觉得有道理，就告诉了长孙皇后。长孙皇后感慨地说：“我常常听陛下称赞魏徵，不知是什么缘故，如今见他用礼义来抑制君王的私情，才明白他真的是辅佐陛下的栋梁之臣啊！我与陛下是结发夫妻，情深义重，每次与陛下说话尚且要察言观色，不敢轻易冒犯陛下的威严，魏徵身为外臣，却能不顾自己的安危，犯颜进谏，实在是难得的贤臣。这是天下的幸运。”

她请求太宗派使者去魏徵家，赏赐给他金钱和绢帛，并让使者代她对魏徵说：“早就听说了您的正直，如今才见识到。希望您继续保持这样的情操，不要

改变。”

魏徵很感动，请使者转告长孙皇后，说自己一定会直言谏诤，及时纠正皇帝的错误。

不过，就算是普通人，也爱听好话，讨厌批评，何况太宗还是高高在上的皇帝呢，有时候，他对魏徵的规劝也会很不耐烦，甚至愤怒。

有一次，太宗上完朝回到后宫，怒气冲冲地说：“朕迟早会杀了这个乡巴佬。”

长孙皇后忙问：“谁惹恼了陛下？”

太宗恨恨地说：“魏徵经常在朝堂上当着文武百官的面羞辱朕。”

长孙皇后立刻明白怎么回事，但她没说什么，默默地进入内室，换上朝服，然后站在庭院中。太宗觉得很奇怪，问她为什么要穿朝服。

长孙皇后说：“我听说君主开明则臣下正直，如今魏徵正直敢言，是因为陛下的开明，我怎能不祝贺陛下呢？”说完深深地施了一礼。太宗这才转怒为喜。

长孙皇后仁义平和，自妃嫔以下有生病的宫人，她都亲自前去探视，拿出自己的药给她们服用。有一次，一位宫女因为小事触怒了太宗，长孙皇后也假装恼怒，下令将她捆绑起来。等到太宗的怒火渐渐平息下来，她才慢慢地为那名宫女申辩。她没有因为宫人地位卑微而轻视她们，更不会置她们的性命安危于不顾。正是因为有长孙皇后的仁慈照拂，后宫才没有出现冤屈诬陷之事。

由于常年带兵打仗，太宗的身体不是很好，每当他生病，长孙皇后便昼夜不离他身边。她经常随身带着一瓶毒药，说："皇上如有不测，我不会独活。"时刻准备和太宗共生死。

这年，长孙皇后陪太宗在九成宫避暑时，染上了疾病。一天深夜，几名大臣赶来说有急事禀报。太宗一听，立刻穿上盔甲出去见他们。长孙皇后担心出事，抱病紧随其后，身边的侍臣劝阻她。她说："皇上都已经震惊了，我怎么能安心呢？"病情因此加重。

太子想请太宗大赦天下，并选些俗人出家，为长孙皇后求福报。长孙皇后却对太子说："生死有命，并

不是人的智力所能改变的。如果行善积德便有福报，那么我并没有做过恶事；如果行善积德没有福报，那胡乱求福又有什么好处呢？大赦是国家的大事，不能随便发布。道教、佛教是异端邪说，祸国殃民，皇上平时就很反感，怎么能因为我而让皇上去做平时不做的事呢？如果一定要照你说的去做，我还不如立刻死去！”

太子因此不敢上奏，只是私下与房玄龄谈起。房玄龄转而禀明太宗。太宗十分悲痛，想为长孙皇后大赦天下，长孙皇后执意不肯。

不久，长孙皇后就卧病不起了，她知道自己不行了，便与太宗诀别：“我的亲属请陛下不要把他们安置在重要的职位上，只让他们以外戚身份定期朝见就足够了。我活着的时候对别人没有用处，死后更不能对人有害，恳请陛下不要浪费国家财力为我建陵墓，只要依山做坟，瓦木陪葬就可以了。仍然希望陛下亲近君子，疏远小人，接纳忠言直谏，摒弃谗言诽语，节省劳役，让百姓安乐，尽量少游猎，多修身，这样我即使在九泉之下，也毫无遗憾了。”太宗含泪点头答应。

长孙皇后去世后，太宗十分悲痛，对身边人说：“以后宫中再也听不见规谏的话了，朕失去了贤内助，怎么能不伤心啊？”

太宗常常思念长孙皇后，便在后苑设立了一个观望台，用来瞭望安葬她的昭陵。他曾经带魏徵一同登上观望台，指着昭陵的方向，问魏徵看到了没有。

魏徵假装没看见，说：“我老眼昏花，看不见。”

太宗上前指给他看：“怎么会看不见呢？那是昭陵啊！”

魏徵“哦”了一声，说道：“我还以为陛下望的是高祖的献陵呢，原来是昭陵啊！如果是昭陵，我早就看见了。”

太宗是何等睿智之君，魏徵的良苦用心他岂能不知？魏徵是在提醒他要以国事为重，不要深陷于失去长孙皇后的痛苦之中不能自拔。最终，太宗忍痛下令拆掉了观望台。

长孙皇后匡正太宗为政的失误，保护忠正的大臣，抑制自己家族的权势扩张，有这样一位具有远见卓识的皇后，是李唐的幸运，“贞观之治”的出现实在有她的一份功劳。

8

跛脚太子造反

李承乾是长孙皇后生的嫡长子，天资聪颖，深得唐太宗的喜爱，八岁时被立为太子，十二岁就开始在尚书省裁定诉讼。在太子十七岁的时候，太上皇李渊去世，太宗悲痛难抑，便将日常政事都交给他处理。太子不负众望，每件事都裁断得很好。所以，后来只要太宗外出巡行，都让太子监国。

然而，随着年岁的增长，加上不幸患了脚病，太子变得叛逆起来，开始喜欢玩耍，经常跑出去游猎，以致荒废学业。太宗看在眼里，急在心里，先后给太子找了于志宁、张玄素、房玄龄等十几位名臣做老师，

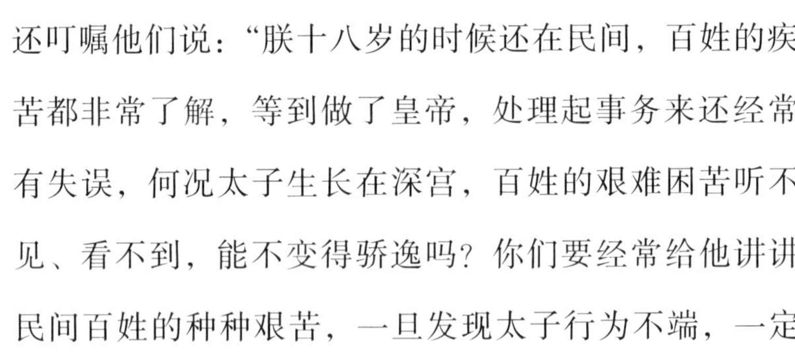

还叮嘱他们说：“朕十八岁的时候还在民间，百姓的疾苦都非常了解，等到做了皇帝，处理起事务来还经常有失误，何况太子生长在深宫，百姓的艰难困苦听不见、看不到，能不变得骄逸吗？你们要经常给他讲讲民间百姓的种种艰苦，一旦发现太子行为不端，一定要劝谏！”

一开始，太子对这些老师非常尊敬，可是，这些老师一个比一个严格，说话一个比一个不留情面，太子慢慢地对他们心生反感。

而太宗一方面希望引导太子成才，一方面又百般疼爱呵护他，甚至下诏说太子需要的东西，各有关部门不必限制，太子因此挥霍无度。张玄素就上书说：“周武帝、隋文帝都是勤俭爱民的君主，但他们的儿子不像他们，才使国家灭亡。陛下的圣旨才颁布不到两个月，太子所用的器物就已经超过七万件，如此骄奢淫逸，前所未有。太子是储君，未来的天子，应该居安思危，谨慎行事。”

太子非常厌恶张玄素的上书，让守门的小奴趁张玄素上早朝的时候，偷偷用大马棰袭击他，差一点儿把他打死。

太子喜爱淫靡之音，还宠幸宦官，走到哪儿都带着他们，于志宁多次劝谏，太子都不听。于志宁没办法，只好给太宗上书说："历史上宦官导致国家灭亡的例子很多，如今太子殿下亲近这类人，还和他们换穿衣服，这种风气不可长。"

太子得知后，勃然大怒，派刺客纥干承基去杀于志宁。夜里，纥干承基进入于志宁的宅第，见于志宁头枕着土块，躺在草席上，才知道他刚刚丧母，正在服丧期，不忍心杀他。后来，太子又几次派人暗杀于志宁和张玄素，但都没有成功。

太子越来越狂妄悖逆，而他的同母弟弟、魏王李泰却因为勤勉好学、多才多艺，日益受到太宗的宠爱。太宗将他招揽名士修撰的《括地志》[1]收藏进皇家藏书阁，对他的赏赐规格有时甚至超过太子，还准许他设

① 一部地理学专著，叙述各州县的建置沿革、山川形胜、风俗、物产、古迹、人物等。

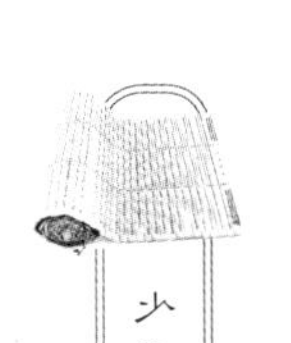

置文学馆，招揽天下贤才。

这种种举动招致大臣们的议论，怀疑太宗是不是要换太子。太宗听说后，十分厌恶，对身边人说："论忠直，没人能超过魏徵，朕打算让他做太子的老师，辅佐太子，这样天下人就会打消疑虑。"于是任命魏徵为太子太师。可是，魏徵年纪大了，不久就生病去世。

太子觉得没人管得了自己，行事越来越乖张，他让人制作了一个八尺高的铜炉和大鼎，再派人出宫偷来老百姓的牛马，又亲自动手烹煮，然后和宠幸的仆人一起吃掉。他还喜欢学说突厥语、穿戴突厥人的服饰，对身边的人说："我假装是突厥可汗，死了，你们模仿他们的丧礼。"说完僵卧在地上。众人号啕大哭，然后跨上马，一边绕着他的"尸体"跑，一边用刀划他的脸。过了很久，太子突然坐起来，说道："我一旦拥有天下，一定要亲自率领几万骑兵，到金城西边狩猎，然后解开头发做突厥人。"

太子和叔叔、汉王李元昌关系很好，经常在一起玩厮杀游戏。他们把身边的人分为两队，一人统领一队，都身披毛毡做的盔甲，手拿竹制的长矛，各自摆下战阵，相互击刺，以此作乐。有谁不听命令，就吊在树上抽打。玩到尽兴处，太子会说："我要是做了天子，就要任情纵欲，谁敢劝谏，就杀谁。杀个几百人，其他人就安分了。"

魏王李泰见太子的名声越来越差，又有脚病，便生出夺嫡的想法，于是礼贤下士，捞取名声。他的手下人帮他暗中联络朝中大臣，甚至用重金贿赂权贵，然后趁机游说，说他如何聪明，应当立为太子。不少文武大臣便依附他，暗中结为朋党。

太子渐渐感觉到来自李泰的威胁，开始焦虑不安起来。太宗觉察后，就再次向大臣们表明自己的态度，说："有人见朕多次带魏王李泰外出游幸，便猜疑朕要废太子，改立魏王，说什么太子有脚病，行走不便，而魏王聪颖过人，更适合继承皇位。太子虽然脚有病，但并不妨碍行走，而且太子的儿子已经五岁了，根据《礼记》，嫡长子若死了，也该立嫡长孙。朕决不会废嫡立庶，否则就会引发祸乱。"

太子知道他父皇的态度后，像吃了定心丸似的，更加肆无忌惮起来。太子私下宠幸一位长得很漂亮的乐童，与他同吃同住。太宗本就对这种行为深恶痛绝，听说太子有这样的癖好，勃然大怒，将乐童抓起来杀掉了，并对太子大加斥责。太子怀疑是魏王李泰告发的，对他恨之入骨，派刺客纥干承基暗杀他，却没有成功。

因为过分思念乐童，太子便在东宫修造了一间小屋，摆上乐童的像，早晚祭奠，又在宫苑内堆了一个小坟，私下追赠乐童官爵，并为他立石碑。

太宗知道后，十分生气，从此越来越不喜欢太子。太子也觉察到他父皇的变化，开始赌气，常常假称生病，几个月不去朝见。在此期间，太子听说吏部尚书侯君集因为在攻破高昌国后，私自掠夺了大量珍奇宝物，遭到弹劾，因此经常口出怨言，就悄悄地将他请到东宫，向他请教自保的办法。

侯君集认为太子愚昧无能，想利用他，便劝其造反。他对太子说：“魏王受到皇上宠爱，我担心殿下您会像隋太子杨勇那样，被贬为庶民。”然后又举起手说：“这一双好手，当为殿下效力。”

太子觉得侯君集说得很有道理，于是重金贿赂他以及负责宫中警卫的中郎将李安俨，让他们打探太宗的心思，一有动静就来汇报。李安俨以前侍奉过前太子李建成，李建成失败后，他还为李建成拼死战斗，太宗认为他很忠诚，所以特别信任他。

汉王李元昌因为行事放任不羁，经常受到太宗的训斥，心中早就不满，知道太子有反意后，也非常支持，还说：“最近我看见皇上身边有一个美人，琵琶弹得很好，等您当了皇上，希望把她赐给我。”太子满口答应。

太宗的姐姐、长广公主的儿子赵节，开国功臣杜如晦的儿子杜荷，平时都和太子要好，也参与了谋反。他们割破手臂，用绢帛沾上血，烧成灰后，混在酒里喝掉，发誓生死与共。杜荷对太子说：“殿下只要假装得了急病，危在旦夕，皇上一定会亲自来探视，我们就趁那个时候动手。”

就在太子紧锣密鼓地策划谋反时，太宗的第五个儿子、齐王李祐[①]率先在齐州造反了。太子知道后得意地对纥干承基等人说："我住的东宫西墙，离皇上住的大内只有二十步之遥，岂是齐王所能比的！"一副胜券在握的样子。

然而，李祐的造反迅速被平定，朝廷审查时牵连到纥干承基，按罪应当处死，但纥干承基为了活命，上书告发太子李承乾准备谋反一事。

太宗大惊，命长孙无忌、房玄龄等人，与大理寺[②]、中书省、门下省一同审问。太子谋反的罪证确凿，很快就查清了，但太宗不忍处死太子，最终将他贬为平民，幽禁了起来。汉王李元昌被赐在家中自尽，侯君集、李安俨、赵节、杜荷等人则被依法处斩。

① 李祐为人轻狂，不守法度，长史权万纪多次犯颜劝谏，并上报唐太宗。李祐很恼火，杀了权万纪，然后起兵造反。

② 最高审判机构，负责刑狱案件审理。

9 李治不争而争

太子李承乾被废后，魏王李泰便每天进宫侍奉唐太宗。太宗觉得他孝顺，便许诺立他为太子。好多大臣都站在李泰那边，只有长孙无忌坚持请求立太宗第九个儿子、晋王李治为太子。

这天，太宗对身边的大臣说："昨天李泰扑到朕怀里说：'我到今天才成为陛下最亲近的儿子，这是我的再生之日。我有一个儿子，等我死的时候，我会杀死他，然后传位给晋王李治。'谁不爱惜自己的儿子啊？朕听李泰这么说，既感动，又怜悯他。"

谏议大夫褚遂良就说："陛下的话不妥。陛下万岁

以后，魏王拥有天下，他怎么肯杀自己的爱子，将皇位传给晋王呢？从前陛下既立承乾为太子，又宠爱魏王，对他的宠爱甚至超过承乾太子，以致酿成今日的灾祸。陛下如果一定要立魏王为太子，希望先安置好晋王，只有这样政局才能够稳定。希望陛下深思熟虑，千万不要出现失误。”

这句话点醒了太宗，选立太子是国家大事，的确不能草率。他想到李承乾，不禁悲从中来，流着泪说：“朕是错了，现在后悔已经来不及了。立太子一事，朕自会好好考虑清楚。”

魏王李泰见太宗允诺自己之后又没动静了，知道事情有变，打算从李治这里入手。于是，他找了个机会，跑去恐吓李治：“你与汉王李元昌关系很好，他跟着太子一起谋反，被赐自尽，你难道一点儿也不担心吗？”

李治听了，果真担心起来，整天满面愁容。太宗看到了，感到奇怪，就问李治怎么了。李治一开始不敢说，太宗多问了几次后，他才把李泰对他说的话告诉了太宗。

太宗心里一下子明白过来，李泰这是想通过恐吓李治，引导他有所行动而犯错。“李泰这孩子当面一套，背后一套，挺让人寒心的，他如果当了皇帝还不知道会怎么对李治。”太宗忧心忡忡，开始后悔以前对李泰许下的承诺，同时他又想起了之前自己当面责备李承乾谋反时，李承乾哭着说的话：“我已经是太子了，还能有什么要求呢？只是因为李泰图谋不轨，我只好向朝廷大臣请教保全自己的办法，却不料被不法之徒利用，所以才走到今天这一步。我的确罪有应得，可是若立李泰为太子，那就正好落入他的圈套。”

太宗越想，心里的天平越是往李治那边倾斜，他觉得李治性格宽厚，不喜争夺，远离政治斗争，太难得了，而他自己当初是杀了兄弟，踏着血路才登上皇位的，骨肉相残是他心里永远的痛。而且，若李泰为太子，李承乾和李治恐怕都难逃一死，而李治为太子，则李承乾与李泰都能安然无恙。

主意打定，太宗亲自驾临两仪殿，让群臣都退下，

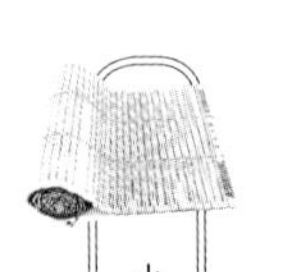

单独留下晋王李治和长孙无忌、房玄龄、李世勣[①]、褚遂良四位大臣。

众人正纳闷，只听太宗说："朕的儿子和弟弟，谋反的谋反，诡诈的诡诈，如此为人做事，朕的心里实在是苦闷，觉得百无聊赖，真想死了算了。"说完就往床头撞去。长孙无忌等人赶紧抢上前，一把抱住他。太宗又抽出佩刀，想要刺自己，褚遂良手快，又一把夺下刀，交给晋王李治。

众人吓坏了，"扑通"跪下，哭着求道："陛下是万金之躯，千万不可伤害。请陛下告诉臣等您想怎么做。"

太宗这才说："朕想立晋王为太子。"

大家见太宗都以死相逼了，哪敢反对？长孙无忌就立刻说："谨奉诏令！谁敢反对，臣请求将他斩首。"

太宗便转向李治，对他说："你舅舅[②]已经应许你了，你还不拜谢他？"李治赶忙拜谢长孙无忌。

太宗又对长孙无忌等人说："你们都同意朕的意

---

① 即徐世勣，唐高祖李渊赐其姓李，后避唐太宗李世民讳，改名为李勣。

② 太子李承乾、魏王李泰、晋王李治都是长孙皇后所生，长孙无忌是长孙皇后的哥哥，是他们的亲舅舅。

见，但不知道百官会怎么议论。”

长孙无忌等人当然明白太宗的心思，这是要他们去说服殿外那些持异议的人，于是齐声回答：“天下人都知道晋王仁义孝顺，请陛下召见文武百官，试探着问问看，如果有反对的，就是臣等辜负陛下，罪该万死。”

太宗于是在太极殿召见六品以上的文武大臣，对他们说：“李承乾大逆不道，李泰也居心险恶，都不能立为太子。朕想从诸皇子中选一位继承人，谁可以担当？你们可以明讲。”

众人欢呼，高声说：“晋王宽厚仁孝，应当立为太子。”

太宗听了，十分高兴。但得到消息的魏王李泰却心急如焚，他决定铤而走险，就率领一百多骑兵来到永安门，打算发动兵变。太宗得到报告，敕令守门的官员带人拦住他的骑兵。区区一百多人怎么可能成功？李泰最后被幽禁在北苑。

不久，太宗正式下诏立晋王李治为皇太子，他对

身边的大臣说："李泰从小就很聪敏伶俐，是朕最疼爱的儿子，但朕不能让后世子孙认为太子之位可以通过要手段而得到。从今往后，凡是太子失德，而藩王觊觎，两个人都弃置不用。这个规定要传给子孙，永远为后代效法。"

随后，太宗任命长孙无忌为太子太师，房玄龄为太傅，萧瑀为太保，并规定了太子见三师的礼仪：太子在殿门外迎接三师，太子先拜，三师答拜；每道门都要让三师先行，三师坐下后，太子才能坐下；太子给三师的书信，前后都要自称名字，并加上"惶恐"二字。

为了避免重蹈覆辙，太宗十分重视对太子李治的教育，遇见任何事情都亲自教诲，看见他用饭，就说："你要是知道种田的艰难，就能经常吃上这些饭。"看见他骑马，则说："你要让马劳逸结合，不耗尽它的力量，就能经常骑着它。"看见他在树下休息，又说："木头经过墨线处理才能正直，君主善于纳谏，才能成为圣君。"看见他坐船，更是语重心长地告诫说：

“水能够载舟，也能够覆舟，百姓就像这水，君主就像这舟。”

但是，太宗觉得太子虽仁义，却不免软弱，对立他为太子又有些动摇，曾经私下里对长孙无忌说：“你一再劝朕立李治为太子，但朕担心李治过于懦弱，恐怕守不住社稷江山，怎么办呢？吴王李恪英武果断很像朕，朕想改立他为太子，你觉得怎么样？”

长孙无忌反对这么做，太宗笑着说道：“因为李恪不是你的外甥，所以你才反对，对吗？”

长孙无忌连忙跪下说：“太子仁义厚道，真正是守成的君主，而且太子是储君，位置至关重大，怎么可以多次更改呢？希望陛下慎重。”

太宗叹了口气，只好打消了这个念头，但他还是不放心，提醒道：“我在李治这个年龄时，往往不按常规办事。李治自幼就待人宽厚，但男孩子应该多一些狼性，不能像软弱的绵羊。朕希望他再大些能有所改变。”

长孙无忌忙说：“陛下神明英武，是拨乱反正的大

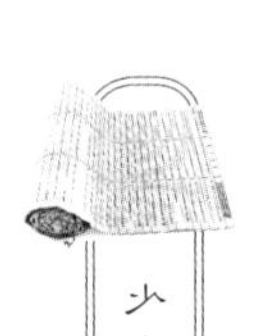

才，太子仁义宽厚，是守成修德之才，志趣爱好虽然不同，但都能尽好各自的职责，这实在是皇天保佑大唐、降福于万民百姓。”

后来，为了让太子系统地学习为君之道，太宗总结了自己治国理政的经验，亲自撰写《帝范》十二篇赐给太子，并谆谆教导他说：“修身和治理国家的道理，都在这十二篇里，你要好好体会。但朕也有很多过失，你千万不能效仿，比如锦绣珠玉从来没断过，又大兴土木修筑宫室，犬马鹰鹘无论多远也要弄来，还到处游玩，劳累地方百姓，这些都是朕的大过失。回顾往事，朕虽然有普济苍生、创建大唐基业的功劳，但离尽善尽美还有很大的差距，朕感到很惭愧。你没有朕这些功劳而继承朕的富贵，一定要竭力向善，这样国家才能安定，如果骄奢懒惰，恐怕自身都难保。成功来之不易，败亡却能瞬间降临，希望你珍惜！”

10

大唐天子吊打东夷少年

“去年高丽国大臣泉盖苏文杀死高丽王高建武，把他腰斩数段，扔进水沟里，其凶残暴虐简直令人发指。如今他又和百济一起攻打新罗[①]，新罗派使节来求援，我们应该发兵征讨高丽。”

“泉盖苏文立高丽王的侄子高藏为王，封自己为莫离支[②]，兵权国政都由他独揽。陛下去年之所以不愿发兵讨伐，是顾念天下苍生，担心再起兵事，劳扰百姓。然而，高丽国的百姓也是陛下的子民，如今他们生活

---

① 高丽、百济、新罗三国的故地均在今朝鲜半岛。三国之间世代结怨，相互攻伐，战事连绵。

② 相当于吏部尚书兼兵部尚书。

在泉盖苏文的跋扈统治下，叫苦连天。”

太极殿上，唐太宗正在和大臣们商议新罗使节带来的消息：百济攻占了新罗四十多座城，又与高丽联合，试图断绝新罗到唐朝的通道。

见大臣们都倾向于立刻发兵攻打高丽，太宗说道：“高丽国王每年都向大唐进贡，从未间断，去年却被贼子杀死，朕非常哀痛，一直不能忘怀。以大唐今日的兵力，攻取他们并不难，但朕实在不愿烦扰百姓，还是打算先派人去调解，他们奉诏便罢，如若违抗，继续作恶，再去讨伐也不算晚。”于是派使节带着皇帝诏书前往高丽，对他们说：“新罗归顺我大唐，每年朝贡不少，你们与百济最好都停战，如果继续进攻新罗，明年大唐就要发兵征讨你们。”

大唐使节到达平壤时，泉盖苏文已经率领军队攻下了新罗的两座城。他傲慢地对大唐使节说：“以前隋朝东征高丽时，新罗趁机侵占高丽土地五百里，如果他们不归还，我们恐怕很难休战。”

大唐使节斥责道：“辽东各城，本来都是中原帝国的郡县，中原帝国尚且没有过问，高丽怎么能自作主张索要故地呢?”但泉盖苏文不听，继续攻打新罗。

使节回到京城，详细报告了出使的情况。太宗说：“泉盖苏文杀死高丽王，迫害大臣，虐待百姓，如今又违抗朕的诏令，侵略邻国，必须讨伐他。”

大臣们纷纷表示赞同，只有谏议大夫褚遂良反对：“陛下麾旗一指，中原大地就平定，眼睛一转，四方民族都归服，威望无与伦比。如今却要渡海远征小小的高丽，如果能很快取得胜利，那还可以，万一遭遇挫折，损伤威望，再引起百姓起兵反抗，国家就危险了啊!”

太宗一听，反而激起斗志，表示不但要讨伐高丽，而且还要亲自去。褚遂良苦劝道：“天下就像人的身体，长安、洛阳是心脏，各州县是四肢，而四方少数民族乃是身外之物。高丽罪恶极大，就算要讨伐，也没必要陛下亲自前往，只要派两三个猛将率领四五万士兵去就行了。陛下是一国之主，不能轻易远行。”

太宗不听他的谏议，意气风发地说：“泉盖苏文欺凌国王、暴虐百姓，老百姓翘首企盼救援，这正是高

丽灭亡的时候。”

第二年，即贞观十八年（公元644年），太宗亲自征伐高丽。有个退休的臣子，曾跟隋炀帝讨伐过高丽，太宗特意将他召去询问计策。那名臣子认为辽东路途遥远，运粮比较艰难，而且高丽人善于守城，恐怕不能很快攻下来。

太宗自信地说：“今日的大唐，远不是以前的隋朝可以比的，你就等着听好消息吧。”他下令造船用来运军粮，并派营州都督张俭等人率兵先进攻辽东，观察一下形势；命令刑部尚书张亮率领兵马四万、战舰五百艘，从莱州[①]渡海直逼平壤；又命令李世勣统领六万步骑兵进逼辽东。水陆两军合围并进，相互呼应。

太宗亲自统率各路大军从洛阳出发，抵达辽东，与李世勣的军队会合。接着，他带着几百骑兵来到辽东城下，见士兵们正在背土填壕沟，就上前分了最重的一块土，在马上抬着。随从官员一见，争先恐后帮着背土。

---

① 今属山东。

唐军将士被激励，昼夜不停地进攻辽东城，却遭到高丽兵的拼死抵抗，十几天过去了，依然没有攻下。这天，南风刮得很大，太宗派勇士登上攻城车的顶端，点着了西南面的城楼，火借风势，很快蔓延到城内。太宗趁机指挥将士们快速登城，高丽兵抵挡不住，辽东城这才被攻克。

唐军乘胜继续向前推进，到达白岩城①下。在第二天的战斗中，大将军李思摩身上中箭，太宗亲自为他吸出败血。将士们听说后，无不感动。

这时，城主孙代音暗中派人前来请求投降，并说："我愿意投降，就怕城里有人不听我的。"太宗让人给了对方一面唐军的旗帜，并说："如果决定投降，你们就把这面旗插在城墙上。"孙代音照做了，城里的人见了旗帜，以为唐朝军队已经登上城楼，于是都跟着孙代音投降了。

二十天后，唐军抵达安市②城下。高丽北部酋长高

① 在今辽宁辽阳市东北。
② 在今辽宁海城市东南。

延寿、高惠真率领十五万高丽、靺鞨的将士前来援救，其部队在距离安市城东南八里的地方依山扎营，布下阵形。

太宗和长孙无忌等人带领几百骑兵登高眺望，观察周围的地形，寻找可以埋伏以及出入的地点，讨论攻破高延寿大军的策略。

为了麻痹高延寿，太宗派使者前去骗他说："大唐这次前来兴师问罪，完全是因为泉盖苏文杀死你们的国王；至于两国交战，并非朕的本意。但是我军进入高丽境内后，粮食暂时供应不上，所以才攻下了几座城，等到你们重修臣国的礼节，朕就将那几座城归还。"高延寿信以为真，便不再设防。

太宗当即命令李世勣率兵在西岭布阵，长孙无忌率精锐士兵，悄悄从山的北面穿越峡谷，以冲击高延寿军队的后尾，他自己则亲率四千步骑兵，挟带鼓和号角，放倒旗帜，登上北山，约定到时大家以鼓声和号角声为令，一齐出兵进击。

第二天，毫无防备的高延寿见李世勣在排兵布阵，吓了一跳，连忙命令士兵做好迎战准备。可是，只听一阵紧急的擂鼓声，以及震天响的号角声，唐军将士踏着飞扬的尘土，高举大旗，从各个方向呐喊着一同攻过来。

高延寿惊慌失措，想要分兵几路击退唐军，可他刚下令布阵，突然电闪雷鸣，不一会儿就下起大雨来。就在高丽士兵迟疑之际，一位叫薛仁贵的唐军将领从队伍中冲了出来，只见他穿着一身奇装异服，一边挥舞着手里的兵器，一边大喊着杀向高丽人。

高丽兵被他的气势吓到了，纷纷逃窜。唐朝大军趁机掩杀过去，高丽兵死的死、伤的伤。

高延寿等人只得投降，他们走到军门前跪下，用膝盖前行，磕头请罪。太宗看着他们说："你们这些东夷少年，可以在偏僻的海隅横行霸道，至于攻城略地、决战取胜，肯定不及我们老年人，你们今后还敢与大唐天子交战吗？"高延寿等人听了，吓得大汗淋漓，一句话也不敢说。

太宗很高兴，下令将军队迁到安市城南，命人传

捷报给太子，又写信给妻舅高士廉等人说："怎么样，朕带兵打仗的水平还可以吧？"

听说高延寿投降，安城的高丽人非常愤怒，远远地望见太宗的旗帜伞盖，就登上城楼一起敲鼓呐喊示威。

太宗大怒，李世勣请求攻下城池当天，将城中男女老少全部活埋。安市人听了，更加坚定了守城的意志，唐军攻打了好多天，也没攻下。

这天，太宗注意到城内传出鸡和猪的叫声，便对李世勣说："围攻了这么久，城内的炊烟越来越稀少，现在鸡和猪叫得厉害，一定是在犒劳士兵，想在夜里出来偷袭我们，应当严加防范。"

果然，当天夜里，几百名高丽士兵顺着绳子从城墙上爬下来。太宗得到报告，立即召集将士，亲自来到城下伏击这些高丽兵。高丽兵被杀了个措手不及，死了几十人，其余的则逃回城中。

安市久攻不下，太宗不免焦虑起来。江夏王李道宗想出一个办法，他率领部下在城东南堆筑土山，渐渐逼近城墙。六十天后，就在土山山顶离城只有几丈、可以向下俯瞰城里的情形之时，土山突然坍塌，压向城墙，结果城墙被砸出一个大口子。原本这是个极好的进攻机会，没想到守山的唐军将领私自离开了，高丽兵趁机从城墙缺口处出来进攻，夺取了土山，并在那儿挖沟防守。

太宗震怒，将那名擅离职守的将领斩首示众，下令发起总攻，却还是没能攻下。眼见天气越来越寒冷，草木枯萎，河水结冰，而且粮食快吃完了，太宗觉得不宜久留，只好班师还朝。结果，路上又碰到暴风雪，很多唐军士兵被冻死。

这次征讨高丽，总共攻克了十座城池，杀死四万多高丽兵，有七万高丽人迁徙加入唐朝户籍，但唐朝也耗资巨大，损失惨重，将士阵亡了近两千人，战马损失了十之七八。所以，太宗觉得这仗没打赢，他十分后悔此次出征，感叹道："如果魏徵还在的话，不会让朕出兵的！"

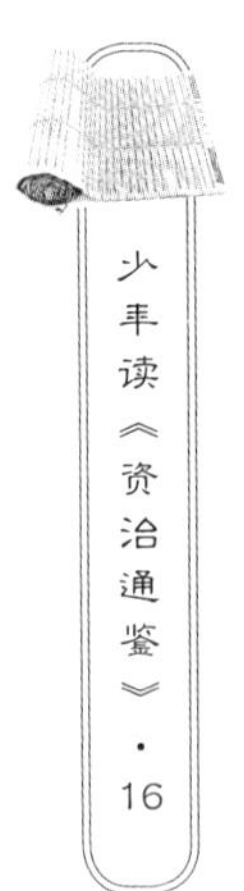

11

从此宫中不养猫

这一年，大唐出现一件怪事。负责玄武门警卫的左武卫将军、武连县公、武安人李君羡值守期间，金星曾经多次在白天出现，太史占卜说："这是女皇登基的预兆。"

当时民间也在到处传，说一些预言未来的书籍上记载："唐朝历经三代之后，将会有姓武的女皇取代李氏，拥有天下。"

唐太宗对这种说法极为厌恶。有一天，太宗在宫中宴请众武将。饮到高兴处，开始行酒令，让每个人讲出自己的小名。轮到李君羡时，他自称小名叫五娘。

太宗一惊，笑着掩饰道："你既为女子，为何如此雄健勇猛？"

因为李君羡的官衔、封号、籍贯，都有一个"武"字，连小名也有"武"的发音，太宗对他很是疑忌，便将他外派到地方，出任华州刺史。

到华州后，李君羡认识了一个叫员道信的人。此人自称通晓佛法，可以不吃东西。李君羡非常敬慕他，与他形影相随，两人常常窃窃私语，结果遭到御史弹劾，说李君羡勾结妖人，图谋叛乱。李君羡最终因此事被处斩，全部家产被抄没。

李君羡死后，太宗稍稍松了口气，但他还是不放心，私下悄悄问太史令李淳风："那些关于女皇的传言，真有其事吗？"

李淳风答道："臣观察天象，发现这个人已经在陛下宫中了，是陛下的亲属。从现在开始算，不超过三十年，这个人就会做天下的君王，并将大唐皇室子孙杀得不剩几个。"

太宗大惊："如果朕把可疑的人全部杀掉，能改

变吗？”

李淳风答道：“征兆已经形成了，这是天意，不能违抗。而且，这个人一定死不了，反而白白地杀死无辜之人。再说，三十年后，这个人也已经老了，也许还存有慈善心肠，祸害可能会小些。退一步说，就算找到这个人，把她杀死，老天可能会降生一位更厉害的人来，那样的话，陛下的子孙恐怕就无一幸免了。”太宗想想，觉得天命难违，便不再过问此事。

贞观二十三年（公元 649 年），一代圣君唐太宗驾崩，留下遗命由长孙无忌和褚遂良辅政。太子李治登上皇位，即唐高宗，太子妃王氏被立为皇后，但由于她没有生儿子，所以并不受宠。高宗最宠幸的是萧淑妃，王皇后因此十分忌妒她。

高宗做太子的时候，有一次入宫侍奉太宗，看见才人[①]武氏，一下子就喜欢上了她。太宗驾崩后，武氏和其他没有子女的妃嫔到感业寺出家为尼。到了太宗

---

① 妃嫔称号。

的忌日，高宗到感业寺上香拜佛，又与武氏相遇，二人哭着互诉离别后的思念之情。

王皇后听说后，主动劝高宗将武氏纳入后宫，想以此打击她的情敌——萧淑妃。高宗早有此意，当即安排武氏重新入宫。

武氏机敏聪慧，善施权术，刚进宫时，对王皇后谦恭有礼，王皇后很喜欢她，经常在高宗面前称赞她。高宗十分宠幸武氏，不久就封她为昭仪①，萧淑妃果然失宠。原本应该高兴的王皇后却高兴不起来，因为她还是不受宠，于是她转而和萧淑妃一起说武氏的坏话。得宠后的武氏立马变脸，针锋相对，反咬她们，每次高宗都不相信王皇后和萧淑妃的话，只信任武氏。

王皇后不会曲意奉承高宗身边的人，她的母亲、魏国夫人柳氏和舅舅、中书令柳奭晋见六宫妃嫔时，又不讲礼节，所以，王皇后一家都不得人喜欢。武氏一发现王皇后讨厌谁，她就与谁结交，得到的赏赐也

① 唐朝时为九嫔之首。

分给他们。大家就都依附武氏，王皇后和萧淑妃的一举一动，都会报告给武氏知道。

然而，王皇后虽然不得宠，但高宗并没有要废掉她的想法，这让武氏很不高兴，因为她想当皇后。正巧不久，武氏生了个女儿，王皇后很喜欢，经常逗她玩。这天，王皇后刚离开，武氏趁没人注意，将亲生女儿掐死，然后又盖上被子。高宗来了后，武氏假装欢笑，打开被子一同看孩子，发现女婴已经死了。武氏立即表现得悲痛不已，大哭起来。

高宗也很难过，问身边的人这是怎么回事。身边的人也吓坏了，忙说："皇后刚刚来过这里。"

高宗勃然大怒，叫道："是皇后杀了我的女儿！"

武氏趁机哭诉王皇后的罪过。王皇后洗刷不掉自己的嫌疑，高宗从此有了废黜她、改立武氏的打算。但废立皇后是一件大事，最好能够得到朝中重臣的支持，这其中，长孙无忌的态度至关重要。长孙无忌当初在立太子的事上，坚定地站在高宗一边，高宗即位后，他以顾命大臣身份尽心辅佐，在朝中威望无人能及。

于是，高宗便和武氏一道来到长孙无忌的府中。长孙无忌赶忙设宴招待他们。在酒席上，高宗将长孙无忌的三个儿子都拜为朝散大夫，又命人装了十车金银财宝、锦缎丝绸赐给长孙无忌，然后提及王皇后没有子嗣一事，暗示长孙无忌。长孙无忌自然明白高宗的心思，却故意岔开话题。高宗和武氏只好在不愉快中结束了这场酒宴。

之后，武氏又让母亲杨氏多次到长孙无忌那儿，请他不要反对立自己为后，长孙无忌始终没有答应。礼部尚书许敬宗也曾劝长孙无忌顺从皇上的心意，长孙无忌严肃地斥责了他。

这天，高宗退朝后，召长孙无忌、李世勣、于志宁、褚遂良四位大臣进内殿。李世勣猜到多半是为了后宫的事，便假称身体不舒服，没有留下。

长孙无忌等人到了内殿，高宗开门见山地说道：“皇后没有子嗣，武昭仪有，现在朕想立武昭仪为皇后，你们看怎么样？”

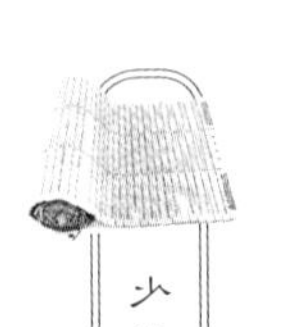

褚遂良首先开口："皇后出身名家望族，是先帝为陛下选的。先帝临死的时候，拉着陛下的手对臣说：'朕的好儿子好儿媳，如今就托付给你了。'这都是陛下亲耳听到的。皇后没有什么过错，怎么能轻易废掉呢？臣不敢违背先帝的遗愿！"

长孙无忌也反对，于志宁则不表态，高宗很不高兴，只好作罢。

第二天，高宗又说起这件事，褚遂良就说："陛下一定要换皇后，臣请求从全国的世家望族中挑选，何必一定要武氏？武氏曾经侍奉过先帝，这是众所周知的，天下人的耳目，哪能遮掩得住？千秋万代之后，人们又将怎么评价陛下呢？愿陛下三思！我今天触怒陛下，罪该处死。"

褚遂良将朝笏放在殿内台阶上，解下头巾，磕头不止，血流到脸上也不顾，嘴里还说："还陛下的朝笏，请求放我回老家去。"高宗勃然大怒，命人把他拉出去。

武氏在隔帘内大声叫道："为什么不就地杀了这老

东西！”

长孙无忌忙说：“褚遂良是先帝留下的顾命大臣，有罪也不可以加刑。”

于志宁见状，不敢说话。

高宗平时虽然温和，甚至懦弱，但在这件事上却出奇的坚决。他召来李世勣，问道：“朕想立武昭仪为皇后，褚遂良极力反对，他是顾命大臣，他反对，这件事是不是只能算了？”

李世勣答道：“这是陛下的家事，何必问外人呢？”

高宗很高兴，有了李世勣的支持，他的腰板挺得更直了，于是打定主意要废掉王皇后，改立武氏。

许敬宗依附武氏，在朝中扬言说：“庄稼汉多收了几十斗麦子，还想着要换个老婆呢！何况天子要立皇后，和别人又有什么关系，干吗多管闲事？”武氏就让身边人将此话讲给高宗听，以坚定他的心意。

永徽六年（公元 655 年）十月，高宗不顾长孙无忌等人的坚决反对，下诏废王皇后、萧淑妃为庶民，册封武氏为皇后。当天，群臣在肃义门朝拜新皇后。

然而，废黜诏令颁布没几天，高宗不知怎么的，突然挂念起王氏和萧氏来，便偷偷前往囚禁她们的别院去看望。到了那儿，他见屋子封闭得很严密，只有墙上留了一个小洞送食物，不禁伤感起来，大声呼喊：“皇后、淑妃，你们在哪儿？”

王氏听到高宗的声音，不禁悲从中来，哭着回答：“陛下，我们在这儿。”

高宗走到洞口，见王氏面容憔悴，心里很难受，哽咽着说道：“皇后受苦了啊！”

王氏已经泣不成声，过了一会儿才说道：“我们犯下罪过，已经是奴婢，哪里还有尊称？皇上如果念及从前的情分，让我们重见天日，就请将这个院子赐名为回心院。”

高宗连连点头，说道：“朕马上安排。”

有人偷偷将此事报告给武后。武后大怒，立即派人把王氏和萧氏各杖打一百下，砍去手脚，扔进酒坛子里，并恨恨地说：“让这两个老女人连骨头都醉掉！”没过几天，两人就死了，又被斩下首级。

临死前，萧淑妃大骂武后：“阿武，你这个恶毒妇，但愿来生我是猫，你是鼠，我要用我的利爪刺穿你的喉咙。”

武后于是下令宫中不准养猫，然而她却经常看见王、萧二人披头散发、浑身是血站在自己面前。武后只好搬到蓬莱宫居住，却还是会看见，后来她干脆跑到洛阳去住了。从那以后，武后绝大多数时间都待在洛阳，极少回长安。

12

扳倒了皇帝的亲舅舅

武氏当上皇后，终于扬眉吐气了。她开始处心积虑地对付当初反对她当皇后的人，尤其是长孙无忌，收了那么多重礼，得了那么多好处，竟然不帮自己。武后每次想到这件事，就恨得牙痒痒。

可是，长孙无忌是高宗的舅舅，当今天下权势最重的人，扳倒他相当困难。得找帮手。可找谁呢？武后想到了李义府。

李义府原来是中书省的属官，表面上温文有礼，与人说话总是和颜悦色，但是内心阴险毒辣，凡是对他稍有冒犯的人，都会遭到他的暗算。当时人都说他笑里藏刀，背地里称他为“李猫”。长孙无忌更是觉得他心术不正，很厌恶他，就找机会把他给降职了。

可是贬职的敕令还没下达到门下省[①]，李义府就已经得知，便向同僚王德俭请教挽救的办法。

王德俭就给他出主意，说：“皇上想要立武昭仪为皇后，正在犹豫不决，担心宰相们会反对。你如果能提议立武氏为后，就能转祸为福了。”李义府马上向唐高宗上表章，请求废掉王皇后，立武昭仪为皇后，以满足黎民百姓的愿望。高宗十分高兴，亲自召见李义府，赏赐给他一斗珍珠，并恢复了他的官职。武氏也暗中派人慰劳李义府，不久又在高宗面前游说，破格提拔他为中书侍郎。李义府自然感激涕零，不遗余力地与许敬宗等人一起为武氏立后造势，最终助她达成所愿。

想到这儿，武后立即把李义府和许敬宗找去，让他们想办法除掉与自己作对的人。二人便迎合武后的旨意，首先诬陷侍中韩瑗、中书令来济与褚遂良图谋

---

① 中书省拟好诏书后，送门下省复核。门下省若反对此项诏书，即将原诏书批注送还，称为“封驳”；若同意，则送尚书省执行。

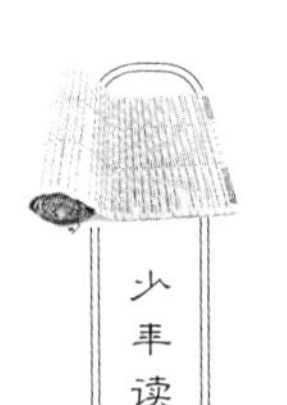

不轨。韩瑗、来济当初也反对立武氏为后，因此都被降职，终身不许朝见皇帝。而褚遂良更是被一贬再贬，最终在爱州刺史任上忧愤而终。一段时间下来，凡是当初反对高宗立武氏为后的臣僚，一个个的不是被罢免，就是被疏远。只有长孙无忌做事滴水不漏，他们一直没找到对付他的办法。

这天，李义府和许敬宗凑到一块商量。许敬宗愤怒地说："之前我多次劝长孙无忌，让他不要反对立武后，可每次他都要臭骂我一顿，我恨不得杀了他，以解我心头之恨。"

李义府一脸的狰狞，也骂了起来："这个老东西！要不是王德俭给我出了个主意，我就被他贬到鸟不拉屎的地方去了！我早就想报这个仇了！"

接着，许敬宗叹了口气，没精打采地说："就怕我们撼动不了他啊！"

李义府想了想，建议道："要不您去找皇后商量商量？"

偏巧这时，武后派人找许敬宗前去，商量如何对付长孙无忌。一见面，许敬宗就面露难色，说："长孙无忌是先帝留下的第一辅政大臣，还是陛下的亲舅舅，陛下被立为太子，他的功劳最大，恐怕很难撼动他。”

“长孙无忌阻挠我当皇后，这笔账我一定要跟他算！”武后目露寒光。

“臣一定会找到机会的。”许敬宗立刻满脸堆笑，谄媚地说道。

恰好这个时候，有人告发太子洗马韦季方等人结集党羽，图谋不轨，高宗就命许敬宗负责审问。许敬宗刑讯逼供，韦季方不堪忍受，便自杀，却没有死掉。

许敬宗眉头一皱，计上心来。在当时，只要是沾上了“谋反”的边，无论是皇亲国戚，还是宗室王公，统统没有好下场。于是，他向高宗报告说韦季方与长孙无忌勾结，诬陷皇室亲戚和忠臣，企图把朝权集中在长孙无忌一人手中，然后再找机会谋反，现在事情暴露了，所以自杀。

高宗大惊，忙问：“怎么会有这种事？舅舅被小人离间，小矛盾是有的，怎么会谋反呢？”

许敬宗说：“臣仔细推究过，他们谋反的事实十分

明显，陛下如果不相信，这恐怕不是社稷之福。”

高宗流着泪说：“家门不幸，亲戚里总是有想谋反的人。以前高阳公主与房遗爱谋反[①]，现在舅舅又这样，让朕愧对天下人。这件事情如果是真的，该怎么办？”

许敬宗阴险地说：“房遗爱是幼稚小儿，与一个女子串通谋反，能有什么结果？可长孙无忌不同，他帮助先帝夺取了天下，天下人都佩服他的智谋。他担任宰相三十年，天下人又都畏惧他的权威。如果有一天他发动政变，陛下能派谁抵挡他呢？好在有神灵保佑，微臣从审问小案子中发现大恶人，这实在是值得庆贺啊！臣担心长孙无忌一旦得知韦季方自杀，狗急跳墙，立刻发动叛乱，国家就危亡了。以前宇文化及的父亲宇文述受到隋炀帝的信任和重用，隋炀帝还和他结为姻亲[②]，把朝政托付给他。宇文述死后，宇文化及掌管禁兵，一个晚上就灭了隋朝。这件事并不遥远，希望

---

① 房玄龄的儿子房遗爱娶了唐太宗的女儿高阳公主。高阳公主骄横放纵，被唐太宗责备，心有怨恨，便怂恿房遗爱造反，最后被唐高宗处死。

② 宇文述的儿子宇文士及娶了隋炀帝的女儿南阳公主。宇文化及是宇文述的另一个儿子，被造反的骁果将领拥戴，杀死了隋炀帝。参见上一册。

陛下赶快决定！”

高宗还是犹疑不定，他对许敬宗说：“你进一步审察案情，以免冤枉了朕的舅舅。”

许敬宗从高宗那儿离开后，立刻就向武后报告。武后想了想，对他说：“既然陛下对长孙无忌谋反这件事半信半疑，那你就再添点儿油、加把火，就说韦季方已经承认与长孙无忌串通谋反……”

许敬宗心领神会。第二天，他便向高宗上奏说：“昨天臣连夜审问韦季方，他亲口承认与长孙无忌谋反。臣问韦季方：‘长孙无忌是皇上的至亲，备受荣宠，满朝文武无人能比，有什么理由谋反啊？’韦季方回答说：‘韩瑗曾经对长孙无忌说：“褚遂良劝您立梁王为太子，现在梁王被废[①]，皇上开始怀疑您了，所以才把您的亲戚高履行调到外地。”长孙无忌很恐惧，开始考虑保全自己的办法。后来他看到堂侄长孙祥又被调到外地，韩瑗被贬，更加担心有朝一日会清算到他

① 武氏做了皇后，就废黜了太子李忠，将他贬为梁王，改立自己的儿子代王李弘为太子。

头上，于是日夜与我们商量谋反。’臣反复检验供词，确认与事实都符合，请陛下依法逮捕他。”

高宗已经泪流满面，他哽咽着说：“舅舅如果真的这样，朕也不忍心杀他，否则后世会怎么说朕呢？”

许敬宗生怕高宗放过长孙无忌，就别有用心地说：“汉朝的薄昭是汉文帝的舅舅，汉文帝从代地回京即位，薄昭也有功劳，后来他杀了人，汉文帝就让百官穿上丧服到他家去哭，让他自杀，到现在天下人都说汉文帝是明君。现在长孙无忌辜负两朝恩德，图谋社稷，他的罪过与薄昭相比，有过之而无不及。幸亏事情败露，叛徒认罪，陛下为什么还迟疑不定呢？古人说：‘当断不断，反受其乱。’现在情势已经危急到极点，安危之间连一根头发的距离都没有。”

见高宗没有说话，许敬宗便继续刺激他说：“长孙无忌是当世的奸雄，是王莽、司马懿之流。陛下再拖延下去，一旦变故发生，后悔都来不及啊！”

这话深深地刺痛了高宗。自高宗即位，长孙无忌便操纵了朝政，凡事都是他说了算。当初，房遗爱谋反案牵连到高宗的同父异母哥哥吴王李恪，高宗考虑到手足之情，曾经请求长孙无忌留吴王一命，却被他冷冰冰地拒绝。而在“废王立武”事件中，高宗作为当朝天子，亲自跑到长孙无忌家行贿，希望他支持自己，却仍然遭到他的反对。

一桩桩往事在高宗脑海里像走马灯似的闪了一遍，他越想越恼火：“我才是大唐天子，为什么事事都要由舅舅做主？”

想到这里，高宗狠下心来，竟然没有召见长孙无忌当面询问，就下诏书削除他的太尉一职和封地，任命他为扬州都督，安置在黔州，按一品官的标准供给俸禄。

不久，许敬宗又上奏说：“长孙无忌图谋叛逆，是由褚遂良、韩瑗等人煽动的。于志宁也是长孙无忌的同党。”

唐高宗于是又下诏，削除已经去世的褚遂良的官爵，开除韩瑗的官籍，永不录用，免去于志宁的官职。长孙无忌的儿子长孙冲等人也被削除官爵，流放岭南，

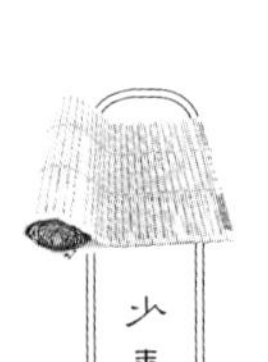

褚遂良的两个儿子则在流放途中被杀。

武后仍不肯善罢甘休，几个月后，又派李世勣、许敬宗等人一起重审长孙无忌的案子。许敬宗派中书省的官员袁公瑜等人到黔州去，重新讯问长孙无忌谋反的罪状。袁公瑜等人到了那儿，就逼着长孙无忌上吊自杀了。

长孙无忌死后，高宗以为自己从此可以乾纲独断了，谁知，他的权力很快就被武后等人架空。

13

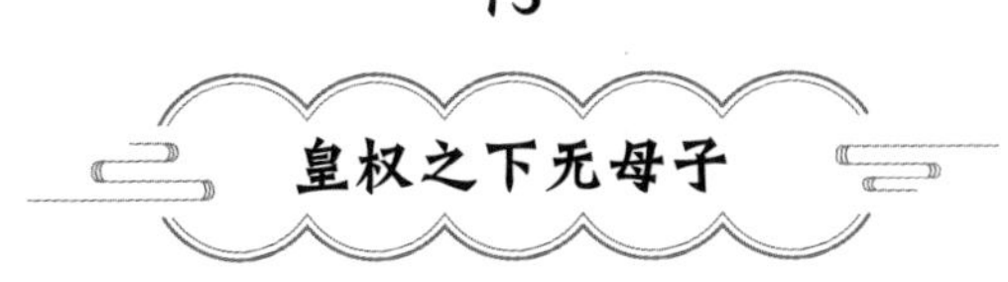

皇权之下无母子

唐高宗得了风邪，头晕目眩，眼睛不能看东西，就把各部门的奏章交给武后裁断。武后聪明敏锐，读过不少文史方面的书，处理起事情来很符合高宗的心意，高宗于是放手把国家政事都委托给她。

没当上皇后时，武氏处处小心谨慎，从不违背高宗的心意，所以高宗不顾众大臣的反对，执意立她为皇后。等到她得志之后，便开始恢复本性，独断专横，作威作福，甚至高宗想做点儿什么，都会被她牵制，高宗因此十分愤怒。

这天，宦官王伏胜向高宗报告，说有一个叫郭行

真的道士，被皇后叫进宫里，施行巫术。高宗大怒，想废掉武后，于是秘密召见西台侍郎[①]上官仪。

上官仪也对武后插手朝政不满，便说："皇后专权恣肆，天下人都很反感，陛下早就应该废黜她。"高宗经上官仪这么一怂恿，胆子就更大了，当即命他起草废后诏令。

谁知，高宗身边的人立刻跑去告诉了武后。武后又急又气，立即去找高宗。高宗见武后来了，赶忙把诏令草稿藏起来。武后梨花带雨地哭闹了一番，高宗一下子又心软了，不忍心废掉她，甚至还怕她恼恨自己，就把责任推到上官仪身上："我本来没有这个想法，都是上官仪出的主意。"

武后气急败坏，便指使许敬宗找机会诬陷上官仪和王伏胜谋反，并最终处死了他们。很多朝廷官员因为与上官仪有交往，不是被贬职，就是被流放。

从此，每逢高宗上朝，武后都在后边垂帘听政，

---

① 即中书侍朗。中书省次官，参议朝政，传宣皇帝旨意，审复中书舍人所拟诏敕，处理本省日常公务。龙朔二年（公元 662 年），唐高宗改中书省为西台，咸亨元年（公元 670 年）又恢复旧称。

政事无论大小，她都要参与。官员的升降，甚至生死，往往取决于她一句话，高宗成了无所事事的闲人，朝廷内外称高宗为天皇，武后为天后，即所谓“二圣”。

不久，高宗的风邪病更厉害了，便与大臣们商议，想让天后摄政，却遭到宰相们的反对：“从前魏文帝曹丕立下法令，即使皇帝年幼，也不许太后临朝听政，为的是防止祸乱发生。陛下怎么能将高祖、太宗的天下，不传给子孙，而托付给天后呢?”高宗只好作罢。

天后很恼火，她广泛招揽人才，让他们编撰《臣轨》等书，向百官提出为官的准则，又让他们秘密参与裁决各部门的奏疏，以此来削减宰相的权力。

因此很多人害怕天后甚于天皇，事事顺从天后，但有一个人却经常违背天后的心意做事，他就是天后的长子、太子李弘。李弘为人谦虚谨慎、仁爱孝顺，高宗很疼他，臣子们也都爱戴他，只有野心勃勃的天后不喜欢他。

李弘的两个异母姐姐义阳公主、宣城公主，是萧淑妃的女儿，当年因受母亲牵连获罪，被幽禁在后宫，

三十多岁了，还不能出嫁。李弘偶然得知她们的处境后，既吃惊又同情，于是向高宗上奏，请求准许她们嫁给朝中贵人，得到高宗的批准。天后得知后震怒不已，当天就把两位公主分别嫁给了正在值班的两名侍卫。

不久，李弘无缘无故地死了，人们都猜他是被自己的母亲用鸩酒毒死的。一个多月后，雍王李贤被立为太子，他是天后的第二个儿子。

李贤自幼聪明伶俐，很有才学，曾亲自带领一批文士给《汉书》作注。被立为太子后，他很想有所作为，便积极参与国政。可这样一来，天后就不高兴了。

有个叫明崇俨的人，精通巫术和相术，得到天后的宠信，他看出了天后的心思，经常私下对天后说："太子李贤不能继承帝位，英王李哲的相貌像太宗皇帝，相王李轮的相貌则最显贵。"

当时宫中恰好有传言说李贤是天后的姐姐韩国夫人所生，明崇俨的话似乎印证了这个传言，李贤因此很讨厌明崇俨，并渐渐与天后产生隔阂。

后来明崇俨被人杀死，朝廷下令捉拿凶手，却始终没抓到，天后怀疑这事是李贤干的，便指使人告发他贪恋女色，与家奴赵道生狎昵等丑事。高宗很生气，让人审问李贤，结果意外在东宫的马坊里搜出几百件黑色铠甲，赵道生又供认说是李贤指使他杀死明崇俨的。

高宗虽然震怒，却因为喜爱李贤，就想赦免他，天后却说："做儿子的有叛逆之心，天地不容。应该大义灭亲，怎么可以赦免?"于是将李贤贬为平民。

高宗只好改立天后的第三个儿子，也就是英王李哲为太子。

后来，高宗的病越来越重，眼睛已经不能看东西了，御医建议用针刺头，说出血后可以痊愈。

天后不希望高宗的病治好，假装大怒道："竟敢在天子头上刺出血，拉出去斩首！"

高宗求医心切，说："让他刺吧，也许有点儿用呢。"御医这才敢用针刺高宗的穴位。

针刺后，高宗觉得更好了，高兴地说："我好像看

得见了。”

天后也假装很高兴，说：“这是上天的赐福啊！”还亲自背了一百匹彩缎赐给御医。

然而一个月后，高宗就驾崩了。临终前，高宗召大臣裴炎入宫，让他辅政。太子李哲继承皇位，即唐中宗，尊天后为太后。这一年是公元 683 年。

中宗刚即位，就大张旗鼓委任自己的心腹亲信，他打算任命皇后韦氏的父亲韦玄贞为侍中，又想授给乳母的儿子五品官。但是，顾命大臣裴炎觉得中宗这样做会危害李氏江山，因而坚决反对。

中宗大怒，负气地说：“我就是把天下送给韦玄贞，又有什么不可以？”裴炎非常害怕，报告了太后。太后便在乾元殿召见群臣，宣布废中宗为庐陵王，放逐到房陵①。

中宗不服，诘问：“我犯了什么罪？”

太后冷冷地看了他一眼，说：“你想把天下送给韦

---

① 在今湖北房县。秦始皇时为流放罪人之地。

玄贞，怎么没有罪?”接着宣布立第四个儿子、豫王李旦[①]为皇帝，即唐睿宗。但太后让他居住在别的大殿，且不得干预朝政大事。

接二连三地废太子、废皇帝，使太后的野心更加膨胀，但她清醒地认识到，想在政治舞台上走得更远，必须争取朝中重臣的支持，尤其是那些功高德劭的老臣，哪怕就是一个不反对的态度也好。于是，她主动写信给在长安的宰相刘仁轨，把他与汉朝的丞相萧何相提并论，表示要把关中的事情全部委托给他。

刘仁轨在高祖时就当了一名文官，后来又受到太宗的赏识，到了高宗时期，他因为刚正清廉，得罪了宠臣李义府，被贬到外地，由此弃文从武，在对阵高丽、百济、新罗等国的战事中立下大功。高宗非常宠幸他，任命为宰相，命他留守长安。

有一次，高宗请刘仁轨到自己新装修的镜殿做客。当时，镜殿四壁都镶嵌着明亮的镜子，镜中照影出几

① 相王李轮后来改封豫王，并更名为李旦。

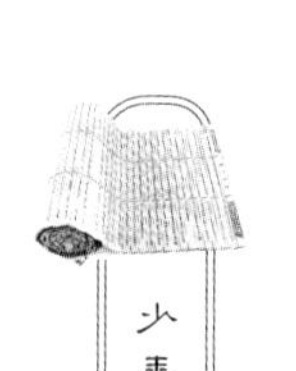

个高宗，刘仁轨惊慌失措地跑下殿。高宗很奇怪，问他怎么了。刘仁轨战战兢兢地回答："天无二日，地无二主，可是刚才臣见四周墙上有几位天子，真是不祥之兆啊！"高宗若有所思，随后命人将镜子拿掉。

刘仁轨早就不满太后的擅权，所以这次太后主动抛出橄榄枝，他不但不买账，上书说自己年纪大，不能胜任，还趁机陈述汉朝吕后祸败的事实，字里行间都是对太后的劝诫之意。

换了别人这样做，太后早就翻脸了，但这次她态度谦恭，回信说："现在皇帝正在守丧期间，我暂时代他亲政，您从那么大老远的地方写信劝诫我，又以年迈来推辞职务，让我感到既惭愧又安慰。您是德高望重的老臣，是天下人的表率，希望您不要以年老为由推托。"为了表示隆重，太后还派侄子武承嗣专程将信送到长安。这次，刘仁轨没有说什么。

稳住了长安的刘仁轨，太后就一门心思在洛阳临朝称制。她提拔武承嗣为礼部尚书，授意他上奏追封她的先祖为王，建立供奉武氏七代祖先的祖庙。

按照礼制规定，只有皇帝才有资格建立七庙。于是，裴炎站出来反对："太后，您是天下人的母亲，应当以公心为重，怎么能偏私于自己的亲属呢？难道看不见当年吕后的失败吗？"

太后大为光火，怒目相向："当初吕后之所以失败，是因为将权力交给活人。而我现在追尊的是我逝去的祖先，有什么不可以呢？"

裴炎毫不退让，大声说："做事情应当防微杜渐，不好的现象不能任由其发展下去。"

考虑到裴炎是先帝任命的辅政大臣，太后不得不退让一步，将建七庙改为建五庙。但是，太后并没有因此抑制自己的野心，称帝才是她的终极目标，只是裴炎的态度让她明白，朝中还有强硬的反对派，现在还不是称帝的时候。

14

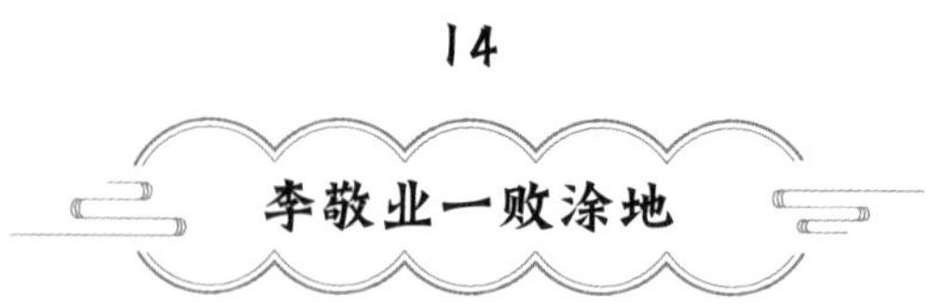

李敬业一败涂地

从入感业寺出家为尼，到临朝称制，太后武氏花了将近四十年的时间。在此期间，反对她的人层出不穷，尤其在她废掉中宗李哲，另立豫王李旦为皇帝，大肆提拔自己的亲属，并派人前往废太子李贤的流放地，将李贤杀害后，李姓藩王人人自危，不少人还打算起兵反抗。

率先发难的是英国公李敬业。李敬业是李世勣的孙子，虽然出身不凡，但从小顽劣不羁，李世勣认为他早晚要出乱子。果然一语成谶，在担任眉州刺史时，李敬业因为犯了罪，被降了职，他的弟弟李敬猷也被免官。

李敬业为此愤懑不平，就在扬州纠集了一帮人，商量起兵造反。这些人中有唐之奇、骆宾王、魏思温、杜求伦等，他们都因为犯了事，或被降职，或被免官，对太后专权心怀怨愤，便一致推举李敬业为主将，由魏思温任军师。

起初事情进展得非常顺利。魏思温写信联络他的死党薛仲璋，暗示一同参与造反。薛仲璋是宰相裴炎的外甥，在朝中担任监察御史[①]，读了信后，马上心领神会，向朝廷请求出使扬州。等薛仲璋到了扬州，魏思温就让一个叫韦超的人跑到薛仲璋那儿，报告说“扬州长史陈敬之谋反”。陈敬之当时负责扬州的政务，薛仲璋便把他抓起来，关进了监狱。

过了几天，李敬业假称自己是新任扬州司马，大摇大摆前来赴任，说“奉天后密旨，发兵讨伐叛贼”。因为有薛仲璋确认，扬州的官员都信以为真。就这样

① 负责巡查州县，监督地方行政等事务。

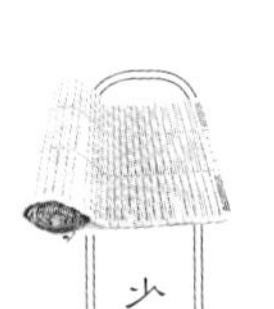

李敬业打开扬州府库，取出兵器和盔甲，发放给监狱里的囚徒。有些官员看出端倪，试图反抗，被李敬业斩首示众，其他官员吓得不敢再出声。

接着，李敬业发动整个州的兵马，他自称匡复府上将，兼领扬州大都督，并找来一个长得很像废太子李贤的人，骗大家说："李贤没有死，逃亡到扬州，他命令我们起兵。"于是以李贤的名义号令天下，不到十天就聚集起十几万人。

为了凝聚更多的人气，李敬业让满腹才情的骆宾王写了一篇檄文，向各州县发布，大意是说："那个非法把持朝政的武氏，并非温和善良之辈，她在当太宗皇帝的妃子期间，就阴谋迷惑当时还是太子的高宗皇帝，后来又耍尽手段登上皇后的宝座，把我们的君王推到乱伦的丑恶境地。她心如蛇蝎，残害忠良，为人神所共恨，为天地所不容。她还包藏祸心，图谋夺取帝位。"还说："先帝坟上的黄土还没干，李氏的宗亲如今在哪里？……试问今天的中国，究竟是谁家的天下？"

檄文写得文采斐然，极具煽动性，在各州引起了很大的反响，有好几个州县起兵响应李敬业。太后看了这篇檄文后，忍不住问身边的大臣：“这是谁写的？”

有人回答：“是一个叫骆宾王的。”

太后惋惜地说道：“这是宰相的过失啊。此人有这样的才华，却让他漂泊失意，不被重用！”转头又问裴炎怎么对付李敬业。

裴炎因为造反的队伍中有自己的外甥薛仲璋，开始一直没有说话，见太后问自己，便斟酌了半天，才说：“现在皇帝已经长大了，还不能亲政，所以李敬业那些小子才以此为借口起兵。如果太后您肯将朝政交还给皇帝，这些人不用讨伐自会平定。”

太后正野心勃勃地准备称帝，现在裴炎却当众让她交权，她心里那个气啊，不过她没有发作，而是冷静地派将军李孝逸领兵三十万，前去讨伐李敬业。

退朝后，监察御史崔察向太后进言：“裴炎心怀不轨，企图独揽朝政大权，否则他为什么要请太后交权呢？”崔察的意思很明显，就是说裴炎是李敬业、薛仲

璋的内应，想夺取朝政大权。

太后听了更加生气，又想到当年裴炎阻挠她建七庙，打算新账老账一起算，就将裴炎逮捕入狱，派人严加审问。裴炎义正词严，不肯屈服，有人劝他："你还是向太后说些软话，求求情，或许可以保住性命。"

裴炎叹息道："宰相被下了狱，哪有活命的道理！"

朝中大臣都不相信裴炎会勾结李敬业谋反，纷纷跑到太后那儿为他求情，有的大臣甚至对太后说："裴炎有功于国家，天下人都知道，我们可以证明他不可能谋反。"

太后淡淡地说："裴炎谋反是有缘由的，只是你们不知道而已。"

大臣又说："如果裴炎都会反，那我们这些人也会反。"

太后却笑着说："我知道裴炎会反，但你们不会。"

几天后，太后就将裴炎杀了，那些为裴炎求情的大臣也跟着受牵连，不是被抓进监狱，就是被贬官。

裴炎临死时，看着那些被他连累的大臣，流着泪说："你们的官职都是自己辛苦挣来的，我没出丝毫的力，如今你们却因我而受连累，真是令人悲痛啊！"后来朝廷查抄他的家产，发现他竟然家徒四壁。

薛仲璋听说舅舅被处死，既伤心又愤怒，索性劝李敬业图谋霸业："金陵有帝王气象，又有长江天险，不如先夺取常①、润②二州，作为霸业的基础，然后向北夺取中原。这样的话，进可以取胜，退也有立足之地。"

魏思温不赞成，对李敬业说："您既然是以匡复社稷为口号，就应当率领大军大张旗鼓地前进，直接向东都洛阳进发，这样四面八方都会响应。天下人以为我们是为了救国，才响应我们，如果您是为了自己图霸业，人心就会离散啊！"

李敬业听说朝廷已经追削自己祖父和父亲的官职封爵，还派人掘墓砍棺，恢复了他的本姓徐氏，便铁

① 治所在今江苏常州市。
② 治所在今江苏镇江市。

了心跟朝廷对抗，于是没有听魏思温的。他派唐之奇守扬州，自己领兵渡过长江，攻打润州。魏思温叹息道："兵力合在一起则强大，分散则削弱，不聚集兵力渡过淮河，夺取洛阳，失败就在眼前啊！"

徐敬业攻下润州后，得知朝廷派大将李孝逸来讨伐自己，便从润州回军抵抗，驻扎在高邮，另外派弟弟徐敬猷进逼淮阴，又派将领韦超、尉迟昭驻扎在都梁山。

果然如魏思温所料，李孝逸利用徐敬业兵力分散的弱点，首先进攻兵力单薄的都梁山和淮阴，斩杀了尉迟昭，徐敬猷和韦超兵败逃跑。

徐敬业只好隔着高邮境内的下阿溪布阵据守。双方对峙了很长时间，徐敬业的士兵都感到疲倦。这时，李孝逸的手下将领出主意说："现在是顺风，芦苇干燥，是火攻的好机会。"

李孝逸采纳了这个建议，发兵进攻，并顺着风势放火。大火烧向徐敬业的大营，士兵们抱头鼠窜，四散逃命，被斩首七千人，淹死的士兵更是数不过来。

徐敬业逃回扬州，带着妻子儿女准备走海路投靠高丽，结果走到海陵地界时，被部将砍下脑袋。魏思温等人也被捕获，斩首后，他们的脑袋都被送往东都洛阳。

15

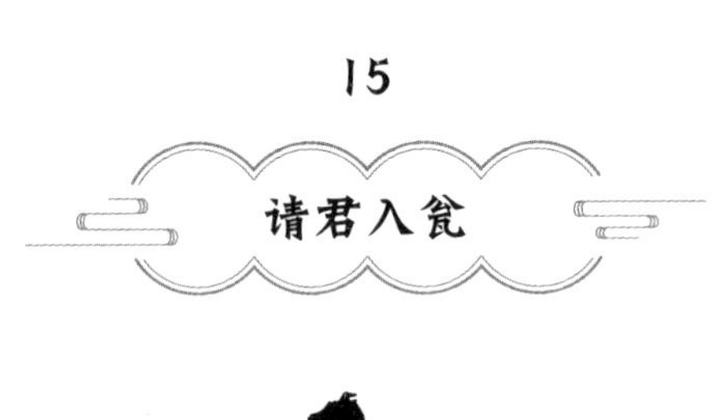

平定徐敬业造反之后，太后怀疑天下还有不少人想谋害自己，于是大开告密的渠道。凡是告密的人，官员不得过问，要给告密者提供驿马，供应五品官标准的伙食，送他们到太后所在的地方。种田的农夫、打鱼的渔民，只要是告密，都能得到太后的召见，所说的事情如果符合旨意，就破格授予官职，即使与事实不符，也不问罪。于是，四方告密的人蜂拥而起，人们都吓得小心翼翼，生怕哪儿做得不对，被人抓住把柄。

有个叫索元礼的胡人，明白太后的用意，他通过告密，获得太后的召见，被提拔为游击将军，负责审查监狱里的囚犯。索元礼性情残忍，审讯一个人，一定会牵连出几十甚至上百人。太后对此很满意，多次召见他，并赏赐大量财物，以扩大他的权威。

很多人争相仿效，尚书省的官员周兴通过告密接连升官，做到秋官侍郎[①]，还有一个叫来俊臣的人，也因为多次告密升官到御史中丞[②]。他们勾结在一起，私下豢养了几百个无赖，专门从事告密活动。来俊臣还写了一本《罗织经》，教这些无赖如何搜集无罪之人的言行，再捏造各种细节，编造成谋反的罪状。

太后一接到这种告密，就交给这些酷吏审讯。为了逼犯人招供，他们发明了各种各样的酷刑：用木椽把人的手脚串联起来旋转的，叫作“凤凰晒翅”；用东西固定住人的腰部，将脖子上的枷向前拉的，叫作“驴驹拔撅”；让人跪在地上捧着枷，又在枷上堆砖的，叫作“仙人献果”；让人站在高木桩上，将脖子上的枷向后拉，叫作“玉女登梯”。此外还有将人倒吊，在脑

① 即刑部侍郎，为刑部副长官。
② 协助御史大夫监察弹劾百官。

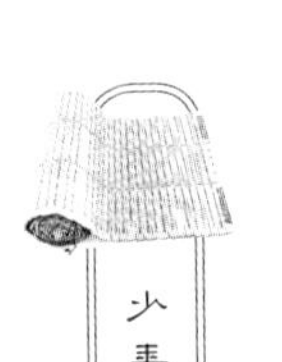

袋上挂石头；用醋灌鼻孔；用铁圈套住脑袋，在脑袋和铁圈之间钉楔子，以致脑袋裂开，脑浆外流。

每次有囚犯来，酷吏们就先陈列各种刑具，让他们观看。囚犯们看了都两腿发抖，冷汗直冒，很多人还没等用刑，就已经认罪了。

来俊臣尤其残酷，他曾经在审讯犯人时，不问一句口供，先砍下脑袋，再伪造案情上奏。每当有赦免的命令下来，他总是命令狱卒先杀死重犯，然后才宣布赦令。

太后认为他们忠心耿耿，越加宠信他们，群臣和老百姓则听到他们的名字就心惊肉跳。大臣陈子昂为人正直，便上疏说："近来告密之风兴起，稍有嫌疑，就被严刑逼供，以致牵连无数人，给了奸恶之徒尽情报复他们的仇人的机会，这恐怕达不到惩罚罪人、安抚百姓的初衷。有人说太后您爱一人而害百人，天下人因此焦虑不安。古代贤明的帝王一向推崇宽缓刑罚，希望您慎重考虑！"

太后不但听不进去，反而越发鼓励告密，重用酷吏。有个叫侯思止的人，是个诡诈的无赖，起初靠卖饼谋生，后来给游击将军高元礼当仆人。当时，恒州刺史裴贞杖罚了一名判司。这位判司怀恨在心，便对侯思止说："诸王谋反，朝廷正在追查余党，你何不趁此机会告发舒王李元名与裴贞谋反呢？朝廷一定会重赏你，说不定还会给你个官当，你就不用再给人当奴仆了。"

侯思止果然跑到京师，诬告李元名与裴贞谋反。朝廷下令追查，李元名因此被流放，他的儿子、豫章王李亶被处死，裴贞也被灭族。

侯思止因为告密有功，被授予了较低级别的武官。当时，告密的人往往能当五品官，侯思止嫌官小，便要求担任御史。

太后笑着问他："你都不识字，怎么能担任御史呢？"

侯思止回答说："獬豸[①]还不识字呢，却能用它的独角辨别忠奸。"

太后听了哈哈大笑，立即任命他为侍御史。过了几天，太后得知他没有住宅，便将早先没收的一处官

① 传说中一种能以其独角辨别邪正的神羊。

宅赐给他。

侯思止不肯接受，说："我憎恶那些背叛您的逆贼，他们的宅第，我不愿意住。"太后听了更加高兴，越发宠信他，给他大量的赏赐。

衡水人王弘义，一贯品行不好，曾经向邻居讨瓜吃，邻居不给，他就向县官报告说，瓜田中有白兔。县官赶紧派人去找，结果白兔没找到，瓜田都被踩坏了[①]。有一次，他看见乡间父老做佛事活动，便诬告他们谋反，导致两百多人被杀，他却被提拔为武官，不久又升任殿中侍御史[②]。

有人密告胜州都督王安仁谋反，太后让王弘义去审问。王安仁不认罪，王弘义就在他戴着枷锁的时候砍下他的脑袋，又要搜捕他的儿子，他的儿子恰好来到，王弘义便也砍下他儿子的脑袋，用盒子盛着带回洛阳。路过汾州[③]时，汾州司马毛公请他吃饭。席间，

---

① 古代中国没有家养的兔子，野生的兔子大都是黄褐色或其他杂色，白色的兔子极少。物以稀为贵，所以像白虎、白猿、白马、白鹿、白雉、白兔等都是祥瑞之物。发现祥瑞，一定要献给皇帝，所以官府要派人去找。

② 唐朝时，御史台属有三院：一台院，长官为侍御史；二殿院，长官为殿中侍御史；三察院，长官为监察御史。

③ 治所在今山西汾阳市。

王弘义突然怒喝一声，上前砍下毛公的脑袋，一路用枪挑着，进入洛阳。行人看见了，无不恐惧颤抖。

在这种持续的高压下，朝廷官员人人自危，相见时不敢交谈，在路上遇到只能用眼睛示意，有的人上朝的路上突然被秘密逮捕，因此群臣每次入朝前，都要与家人诀别，说："不知道还能不能再相见？"

经过几年的大清洗，反对太后的人几乎绝迹，太后称帝的道路上已经没有任何阻碍。于是，公元690年，太后宣布改唐为周，以皇帝李旦为皇太子，赐武姓。中国历史上唯一的正统女皇帝就这样诞生了，她就是武则天。

武则天坐稳江山后，在处理复杂的政务方面，表现出非凡的才干：她奖励农桑、兴修水利、减轻赋役、整顿均田制，使社会经济不断上升，人口稳步增长；她改革吏治，重视人才，完善科举制度，提拔了一大批出身寒门的能人，巩固了"贞观之治"的成果。

随着武周的江山逐渐稳固，来俊臣等酷吏已经失去了利用价值。可是，他们自己并没有意识到这一点，

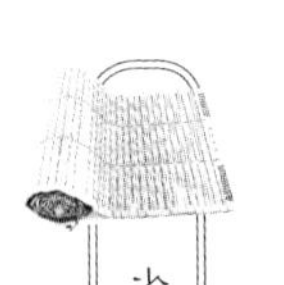

反而继续制造冤案，以邀功请赏。到后来，来俊臣竟然诬告皇太子李旦谋反。他亲自审讯李旦府里的官员，因为手段严酷，这些官员一个个都招了，只有一个叫安金藏的抵死不认，说道："您既然不相信我所说的话，那就让我挖出心脏以证明太子没有谋反。"他抽出佩刀剖开自己的胸腹，把五脏六腑都露出来，然后昏死过去。

武则天听说后，命人将他抬到宫中救治。第二天，她听说安金藏苏醒了，亲自前去看望，感叹道："我的儿子不能自证清白，却要你替他证明。"随后命令来俊臣："这件事到此为止！"

从此，武则天越来越厌恶来俊臣等人的做法，又听说他们横行无忌，贪赃枉法，渐渐有了除掉他们的打算。恰好有人告发已经是宰相的周兴谋反，武则天打算先拿他开刀，于是让来俊臣审问他。

来俊臣犯难了：他和周兴同是酷吏，如果用平时对付普通人的方法，周兴一定不会认罪，必须设一个巧妙的局才行。他苦思冥想，终于想到一个"以其人之道，还治其人之身”的办法。

这天，来俊臣在家里准备了一桌丰盛的酒席，然后把周兴请来。两个人推杯换盏，酒过三巡后，来俊臣故意叹了口气。

周兴忙问：“兄弟你为何叹气啊？谁得罪了你，你告诉我，我让他死无葬身之地。”

来俊臣把手中的酒杯往桌上重重一放，苦着脸说：“我最近碰到一个死不认罪的犯人。我用尽所有办法，却始终撬不开他的嘴。不知老兄有什么好办法？”

周兴先是把杯中酒一饮而尽，然后笑道：“这还不容易？”

来俊臣装出急切的样子，问道：“请老兄快快指教。”

周兴露出阴险的笑容，说道：“你找一个大瓮，用炭火烤热，再让犯人进到瓮里，保管你让他招什么他就招什么。”

来俊臣连连点头称是，随即命人找来一口大瓮，按照周兴说的那样，在四周点上炭火，然后回头对周兴说：“有人告密，说老兄谋反，陛下让我负责审问。

对不起，现在就请老兄自己钻进瓮里吧。”

周兴一听，吓得手里的酒杯掉在了地上，连连磕头说：“我有罪，我有罪，我招，我招！”最终他在流放岭南的途中被仇家杀死。

几年后，来俊臣又企图陷害武氏诸王及太平公主[①]等一批武则天最亲近的人，武氏诸王及太平公主忍无可忍，转而揭发来俊臣的种种罪行。武则天就下令将他关进监狱，判处死刑。

处死来俊臣那天，人们奔走相告，无不拍手称快。他的仇家争相跑来吃他的肉，有的人挖下他的眼睛，有的剥他的面皮，有的则剖腹挖心，转眼就把他吃完了。

第二天，不论官员，还是老百姓，在路上遇见了，都互相庆贺，说：“从今往后，睡觉时可以安心地把脊背贴在席子上了。”

---

① 高宗李治与武则天的小女儿，中宗李哲和睿宗李旦的妹妹，极受父兄尤其母亲武则天的宠爱，权倾一时。